誰がやってもうまくいく！
最強の組織づくり

坂本松昭

同友館

誰がやってもうまくいく！
最強の組織づくり

ブックデザイン　森田恭行／髙木瑶子（キガミッツ　http://kiga3.jp）

はじめに

　強い組織をつくりたいと願いながらも、うまくいかずに悩んでいる会社は多いものです。本当に強い組織をつくるためには、一般的に知られているチームワークの強化やメンバーのスキルを向上させる前に、強い組織をつくる土台となる「強い場」をつくる必要があります。

　組織の「強い場」をつくるとは、簡単にいえば、誰がその組織に所属したとしても、仕事を正確に、速く、上手に行うことができるようにするということです。この強い場ができている職場では、生産性が格段に上がります。さらに、メンバー自らが自発的にスキルアップやチームワークの強化に取り組むようになり、真に強い組織へと発展していきます。

強い組織づくりの成否を分ける要因

　私は長年、この土台づくりのプロセスを大事にしてきました。これを実践しつづけることで、数多くの職場を強い組織へと変えてきたのです。そして、強い組織づくりに失敗してしまうケースが多いのは、この重要なプロセスが欠けているためだと確信するようになりました。

　多くの組織で、組織は人がつくるもの、という考え方にとらわれすぎているのではないでしょうか。だからこそ、いちばん大事な土台づくりが置き去りにされてしまうことがあり、メンバーの能力強化にばかり目がいってしまうことになるのです。

組織力強化には、「土台づくり」が欠かせない

　もちろん、何よりも人が大事であることに変わりはありません。大事だからこそ、まずは、人が働く「場」を整えることが先決なのです。「場」というのは、建物やスペース、机、照明、空調などのハードのこ

とだけではありません。それぞれの組織には、それぞれのルールや仕事の進め方というものがあります。強い組織をつくるためには、そうしたハード以外の部分も含めた「場」を整える必要があります。

たとえば、四畳半一間にミカン箱とダイヤル式の電話を置いて、ゴミが散らかった状態で、これがオフィスだという会社はまずないでしょう。このような環境で仕事をさせているのであれば、とても人を大事にしているとはいえません。設備の整った会社に比べるまでもなく、生産性はかなり低いものにならざるを得ません。

四畳半一間やミカン箱というのは、生産性の低い仕事の進め方やルールなどのたとえです。また、ゴミが散らかっているとそれにつまずいてしまうように、職場には仕事をやりにくくしている原因や失敗の原因となる要素が多く潜んでいるのです。これが目に見えるものであれば、すぐに気がついて改善することもできます。しかし、ハード以外の部分は目に見えないので、簡単には改善に至りません。むしろ、放置された状態だといってもいいでしょう。そのために、組織の強化で思うような成果が上げられないのです。

本書では、そうした仕事をやりにくくしている原因を、目には見えないものも含めて網羅的に探し出して、それらを完全になくすことができる方法を紹介します。これが組織を強くするために、最初に必要な「土台づくり」です。

強い組織をつくるためのツール「7つの法則」

強い組織をつくるために便利なツールとして「7つの法則」を紹介します。最初の土台づくりでも絶大な効果を発揮しますが、その後の組織の発展においても、どのような段階にも有用な組織力強化のツールです。

「7つの法則」とは、組織改善のポイントと対策の取り方を体系化したものです。具体的には、

① 五感の法則

② 伝達の法則

③ 記憶の法則

④ 順序の法則

⑤ 中断の法則

⑥ ルール適用の法則

⑦ 動作の法則

の7つです。本書では、具体的にどのような対策を立てればいいのかについて、法則を1つずつ紐解きながら丁寧に解説していきます。

本書の構成と使い方

本書は、以下の4章で構成しています。

第1章では、組織の場を強くするためには、組織に所属するメンバーが誰であったとしても、その能力に左右されることなく、確実に一定以上の成果を出し続けられるように、ハードやそれ以外の部分を整えることの大切さを説明します。この作業が、組織を強くするための第一歩（土台づくり）となります。この作業を容易にするツールが、本書で紹介する「7つの法則」です。組織という場と所属するメンバーとは、分けて考えなければいけません。優秀なメンバーがいれば強い組織でいられるが、そのメンバーがいなくなったら弱い組織になってしまうというのでは、本当に強い組織ではありません。

第2章では、組織を強くするためのツールである7つの法則を使って、具体的に組織の改善の仕方を説明します。ここでは、単に改善点を探すのではなく、「ホンモノの原因」を探し当てます。ホンモノの原因とは、

枝葉の細々した改善ではなく、これひとつを改善すればその組織が大幅に改善される本質的な改善点のことです。本章では、読者がそのまま活用できることを念頭に、すぐに使える改善点を探すためのチェック項目を豊富に紹介しています。

　第3章では、第2章で見つけた改善点に対して、どのように対策を打つかについて具体的に取り上げています。ここでは恒久的に効果のある対策から短期的に効果を出す対策まで、その考え方とともに実践的な解決策を紹介しています。いかなる改善点に対しても自信をもって正しい対策を打てるようになります。

　第4章では、強い組織づくりを成功に導くための目標の立て方と、本書の活用の仕方を説明しています。強い組織をつくるためには、どのような目標を立てなければならないかを具体的に説明します。黙っていても組織が強くなるような魔法の方法は存在しません。しかし、本書の方法を実践すれば、確実に強い組織をつくることができるようになります。本書の方法を組織内でどのように展開するかについての手引きも付けました。

　最後に、巻末には付録として、職場ですぐに使える「ホンモノの原因」（改善点）を探すためのチェックリストと、それに対応する具体的な対策を打つためのチェックリストを掲載しています。この付録を見ていただければ、7つの法則をより具体的にイメージできるのではないかと思います。また、本書を読み終えた後であれば、強い組織づくりのためのチェックリストとして有効に活用してもらえるはずです。

強い組織づくりは誰でもできる！

　強い組織をつくるために、強いリーダーシップもカリスマも必要ありません。7つの法則を使うことで、誰もが、次の効果を得られます。

❶ 仕事をしやすい環境が整い、意思決定が迅速に行え、仕事の生産性が高まる。
❷ 組織内での誤解や対立がなくなり、メンバー間やチーム間の関係が良好になる。
❸ 7つの法則に照らして正しい改善提案が、組織の中で容易に遂行されるようになる。

　これらの3つの効果によって、自ら変革し、結果を出し続けていく強い組織ができ上がります。また、この過程で現場の実践力や変化への適応力が高まっていくので、その後、いかなる高度な組織にも発展させることができます。
　7つの法則は、数名のチームから数十名の組織、会社全体など、いかなるサイズの組織にも適用することができます。読者の皆さんの組織でもお役立ていただければと願っています。

平成28年8月

坂本松昭

1章

人を育て成功へ導く
システムとしての「組織」——— 014
人が育つ土壌に職場を変える！

1　個人の能力に依存しない「強い場」をつくる ——— 016

2　強くなれない組織の共通点を
　　「7つの法則」で速やかに解決 ——— 023

3　「7つの法則」を組織の共通言語にする ——— 032

4　「強い場」の上にさらなる強さを積み上げる ——— 038

2章

7つの法則で「ホンモノの原因」を探し出す！ ── 048

1 「ホンモノの原因」を摘み取る ── 050

2 7つの視点で職場をチェック ── 056

3 「五感」の法則からホンモノの原因を探す ── 061
五感に効果的なインプットがない組織では失敗が起きやすい

4 「伝達」の法則からホンモノの原因を探す ── 070
情報の正確な受け渡しができない組織では、仕事を正確に行えない

5 「記憶」の法則からホンモノの原因を探す ── 080
記憶力に頼った仕事をしている限り、必ずやり忘れが生じる

6 「順序」の法則からホンモノの原因を探す ── 089
仕事をする順序によって、仕事の生産性に違いが生じる

7 「中断」の法則からホンモノの原因を探す ── 093
仕事を途中で中断した場合には、
中断しなかった場合よりも失敗が起きやすい

8 「ルール適用」の法則からホンモノの原因を探す ── 097
ルールが正しく守られていない組織では、組織力が低下していく

9 「動作」の法則からホンモノの原因を探す ── 105
人間は、自分が意図したものとは違う動作をしてしまうことがある

3章 問題を克服して「強い場」をつくるための対策の立て方 ——— 112

1　強力な対策を打つ ——————————— 114

2　「五感」に対する強力な対策 ——————— 117

3　「伝達」に対する強力な対策 ——————— 123

4　「記憶」に対する強力な対策 ——————— 131

5　「順序」に対する強力な対策 ——————— 138

6　「中断」に対する強力な対策 ——————— 141

7　「ルール適用」に対する強力な対策 ————— 143

8　「動作」に対する強力な対策 ——————— 150

4章

「強い組織」を実現する目標の立て方・実践の仕方 ─── 156

1　結果を出せる正しい目標の立て方 ─────────── 158

2　「7つの法則」を導入するための手引き ────────── 169

おわりに ──────────────────────── 178

[コラム]

①組織変更は座席配置まで深く入り込む ── 047

②成長を体感することで、──────── 110
感謝する習慣を持つ

③7つの法則で人事制度も変わる ───── 155

④奇をてらう者をもてはやしてはならない ── 176

[付録]

①ホンモノの原因を
探すための着眼点リスト ── 180

②強力な対策を
発見するための着眼点リスト ── 184

Chapter

1

人を育て成功へ導く システムとしての「組織」

人が育つ土壌に職場を変える！

[1 個人の能力に依存しない「強い場」をつくる]

A．メンバーの成長と組織の強化はまったくの別モノ

❶ 個人の能力に依存しない組織

　組織とは、個人が活動する「場」のことであり、組織を強くするということは、この「場」を強くすることにほかなりません。「強い場」をつくるということは、誰がメンバーとしてその組織に所属したとしても、仕事を正確に、速く、上手にできる仕事のやり方と環境を整えることです。つまり、メンバーの能力に依存しない場、仮に、メンバー1人ひとりの能力を考慮しなくても、メンバー全員が失敗をせずに仕事を効率的に行えるようにする場をつくることこそが、組織づくりの本質なのです。

❷ 組織の脆弱性

　強い組織をつくる上で、まず、組織に所属する「メンバー」と「組織」を分けて考える必要があります。

　一般的に、強い組織をつくるためには、個人の能力を伸ばすことが大切だといわれます。もちろん、個人の能力を伸ばせば、それを足し合わせた集団の能力も高まります。しかし、個人が集まった集団の能力が高まることと、組織が強くなることとは、必ずしも同じではありません。

　たとえば、高い生産性を上げていた組織が、優秀なメンバーを失ったとたんに生産性を下げてしまうことがあります。せっかく精魂込めて築き上げた組織であっても、あるメンバーが1人いなくなるだけで、一からやり直しになってしまうこともよくあります。このことからいえることは、個人の能力というのは、たとえ組織が苦労して習得させたものであっても、結局は組織のものではなく、個人のものだということです。

❸ 組織づくりの不確実性

　そもそも、メンバー1人ひとりの能力を高めたり、チームワークを高めようとする努力は、努力のわりには報われず、挫折してしまうことが多いものです。その理由の1つとして、組織の目的と個人の目的が一致していないことがあげられます。

　組織は、組織を強くするためにメンバーのスキルアップに取り組み、モチベーションを上げるために報奨制度などを用いて後押しします。

　一方、メンバーはそんな想いとは別に、自己啓発の一環でスキルアップに取り組んでいることが多いのです。さらに、習得したいと望んで努力するスキルの種類やレベルは、メンバー1人ひとりで異なります。たいていの場合、仕事をする上で確実に必要なスキルとレベルまでです。

　その目標が、組織が求めるものと一致していればいいのですが、多くの場合、メンバーが目標とするスキルは、組織が求めるものには及びません。報奨制度による奨励にも限界があり、ある水準を超えるスキルアップは、本人の気づきとさらなる努力に頼らざるを得ないというのが実情です。

　また、身につけたスキルをいつ役立てるかという点でも、組織とメンバーの思惑は異なります。組織は当然、すぐに役立ててほしいと思います。一方、メンバーのほうは、目先のことよりも将来のどこかで役に立てばよいと考えているかもしれません。そのため、その職場ですぐに役立つスキルアップができているかという点でも、不確実さが残ってしまいます。

❹ 脆弱性や不確実性の排除

　従来の組織の脆弱性や不確実性を排除して、強い組織をつくるためには、所属するメンバーの能力に頼らない組織にする必要があります。人が入れ替わったとしても、その強さを維持できるようにする必要があります。

　あの人がいなくなってしまったからできなかった、あの人がいてくれたらできたはずなのにというのでは、組織として本当に強いことにはなりません。たまたまその時に所属していたメンバーの力量で成果が左右されてしまっているからです。常に、どこにも負けない優秀なメンバーが揃っているのであればよい

のですが、そのように恵まれた組織が世の中にどれだけあるというのでしょうか（おそらく、1つもないでしょう）。

そのような状況の中、限られたメンバーで強い組織をつくる方法が、本書で紹介する「7つの法則」です。この方法論は、メンバーと場を別モノとして考え、これまで注目されてこなかった「場」の強化に取り組むことで強い組織をつくり上げます。メンバーに由来する脆弱性や不確実性を排除して構築された、確実性の高い方法論です。

B. 「強い場」とは

❶ 組織づくりの手順が重要

強い組織をつくる方法については、チームワークの高め方やメンバーのスキルアップの方法など数多くの方法論が紹介されています。しかし、これらを実践しても、必ず成功するというわけではありません。その原因として、一般的には、リーダーシップのなさやメンバーのがんばりのなさなどがあげられます。また、組織づくりはそもそも難しいものなので、その成否を一概に論じることはできないという人もいます。

確かに、そういった側面があることは事実ですが、本当の原因はもっとシンプルです。それは、これらの取組みをする前に、本来やるべきことが他にあるということです。それがされている場合とされていない場合とで、成否が明らかに分かれるのです。やるべきこととは、強い組織の「場」をつくるということです。それによって、誰がメンバーであっても、仕事を正確に、速く、上手にできるようにするということです。

まず、7つの法則を用いて組織の「場」を強くしていくことが重要です。「場」が強くなっていくことで、強い組織がつくられていきます。すると、これまでは不確実性のあったメンバーのスキルアップやチームワークの取組みにも、大きな成果が見られるようになっていきます。

❷「強い場」はメンバーの自発的な取組みを促す

　仕事を正確に、速く、上手にできるということは、仕事が誰にでもわかりやすく設計されていて、仕事がしやすい職場になっているということです。だからこそ、このような組織においては、仕事の失敗もほとんど起きることがありません。失敗が起きないということは、その組織の水準がそのレベルから下には下がらないということです。どのようなメンバーの入れ替えがあっても、その一定水準は必ず維持される組織になります。このような組織をつくり上げれば、その組織が向かうべき方向はただ1つ。より強い組織をめざすということだけです。

　もちろん、現状維持をめざしてもかまいません。しかし、7つの法則を導入した組織では、その効果の1つとして、メンバーが自然に強い組織をめざすようになっていきます（詳しくは、本章第4節で説明します）。

C.「7つの法則」とは

❶ 行動プロセスの各段階を強化する

　いかなる仕事であれ、プロジェクトであれ、遂行する際の最も大きな恐れは、失敗したらどうしようかということではないでしょうか。このような恐れがあれば、果敢なチャレンジを躊躇させてしまうだけではなく、場合によっては、職場全体の士気を下げる原因にもなってしまいます。7つの法則は、最初のステップとして、仕事を正確に、速く、上手にできるように職場を変えていきます。

　この法則は、強い組織をつくるための着眼点を漏れのないように整理したものです。認知心理学の考え方に基づいて、それぞれの法則からメンバーの能力を最大限に引き出せるように、組織の「場」を改善していくことができます。

　人間の行動プロセスを「認知」⇒「判断」⇒「行動」の3段階に分類し、その各々で強化すべきポイントを、①五感の法則、②伝達の法則、③記憶の法則、④順序の法則、⑤中断の法則、⑥ルール適用の法則、⑦動作の法則

――の7つの法則としてまとめています（図表1）。

図表1　7つの法則の全体像

「認知」の段階	「判断」の段階	「行動」の段階
1「五感」の法則	4「順序」の法則	7「動作」の法則
2「伝達」の法則	5「中断」の法則	
3「記憶」の法則	6「ルール適用」の法則	

❷ 特徴

7つの法則には、次のような特徴があります。

[特徴1]　組織の抱える課題の全体像を俯瞰して、解決すべき課題を発見するとともに、対策を立てるのに役立つ（地図としての役割…第2～3章でこの手法を使いながら、強くなれない組織に共通する課題を解決していきます）。

[特徴2]　メンバー全員の意思疎通や共通理解の構築を可能にする（共通言語としての役割…本章第3節で解説します）。

[特徴3]　メンバーの自発的な行動を促す（導入の効果として、モチベーションを高める）。そして、高いモチベーションは「強い場」の上にさらなる強さを積み上げる（本章第4節で解説します）。

❸ 7つの法則の大前提――「ホンモノの原因」

仕事をやりにくくしている原因には、さまざまなものがあります。それ1つを解決しても改善に至らないものや、立場や部署の違いによっては問題にされないものがある一方、これとは別に、これ1つを解決すれば改善につながるとい

うものもあります。この「これ1つを解決できれば改善につながる」というものを、本書では「ホンモノの原因」と呼びます。とても重要な考え方なので、第2章で詳しく説明します（付録にはチェックリストを掲載しています）。

ここでは、先ほどの3つの特徴とホンモノの原因がどのように関係しているかを、簡単に説明します。

職場の業務は多岐にわたります。どこをどう探せばホンモノの原因が見つかるのか、見つけたらどのような対策を立てればよいのか——そのための視点を与えてくれるのが、7つの法則です。これが地図としての役割です。

ホンモノの原因を見つけたら、それを職場の全員に解決すべき問題だと理解してもらわなければなりません。その際、7つの法則の考え方を職場で理解していれば、説明に苦労することなく、誤解なく理解してもらうことができます。これが、共通言語としての役割です。そして、共通の理解のもとで7つの法則に従って対策を立て、それを全員で実行するわけですから、改善が速やかに行われます。

速やかな改善を繰り返していくと、仕事を正確に、速く、上手にできる仕事のやり方と環境が整っていき（「強い場」の形成）、メンバー1人ひとりの生産性が上がっていきます。それに合わせて、メンバーのモチベーションも高まります。その結果、職場が強い組織へと変わっていきます。

❹ 取組みやすさと失敗しない安心感

7つの法則は、誰でも簡単に活用できるように体系化してあります。ただし、確固たる成果を生み出すためには、ある程度の前提知識とコツは必要です。これらの前提知識とコツについては、各法則の解説とあわせて詳しく説明します。

これから取り組む仕事やプロジェクトに失敗しないと確信を持つことができれば、どれほど心にゆとりが生まれることでしょう。常に前向きにチャレンジしていくことができるようになります。失敗しないと確信できれば、たとえ何か問題が起きたとしても、焦らずに済みます。じっくり心を据えて立ち止まって対応を考えることができます。失敗しないとわかっているからこそ、我慢強くもな

れます。メンバーが常に前向きになるため、モチベーションも高く仕事の遂行力が高く維持されます。どんなときでも成功を信じられる、生産性の高い、強い組織に変わるのです。

［2］強くなれない組織の共通点を「7つの法則」で速やかに解決

　強くなれない組織には、いくつかの共通点があります。主なものは次の9つです。
① 情報伝達が正確にできない
② 柔軟な職場改善ができない
③ 共通言語がない
④ 全体像が把握できない
⑤ タイムリーな課題認識ができない
⑥ 交渉・説得ができない
⑦ 人が自発的に育たない
⑧ チームワークが自律的に高まらない
⑨「やらない」と「できない」の区別ができない
　多くの方が頭を悩ませているのではないでしょうか。これらの共通した問題は、7つの法則を使うことによって速やかな解決が可能です。

A．情報伝達が正確にできない

❶ 情報は必ず歪められる

　いかなる組織においても正確な情報の伝達は不可欠です。しかし、情報の伝達が思うようには正確にできないことをしっかりと想定して、対策をとっている組織は多くありません。
　人から人へ、部署から部署へと情報が伝えられる過程では、多かれ少なかれ情報が歪められてしまいます。情報の歪められ方はさまざまですが、本来伝えられるべき情報が欠落したり、誤って解釈されたり、ニュアンスが異なった

りして伝わることになります。

そもそも、コミュニケーションにおいては、このような誤解を完全に避けることはできません。自分の伝えたい情報を100％相手に伝えることもできなければ、相手から伝えられる情報を100％理解することもできません。このようなコミュニケーションが伝言ゲームのように繰り返されることで、最終的な受け手に情報が届くときには、正しい情報はもとの数分の1にまで減っていることも少なくありません。

❷ 発信した情報の26％しか伝わらないケース

たとえば、自分の伝えたい情報の80％しか相手には伝えられず、相手は伝えられた情報の80％しか理解できないと仮定します（これでもかなり出来過ぎた仮定になります）。ここで、仮に、2人の人物を通して情報を伝えるとすると、自分→人物A→人物B→相手の順に情報が伝わることになります。

この仮定のもとで、それぞれの人に伝わる情報量を計算してみると、自分が人物Aに伝えられる情報は100％×80％＝80％、人物Aが理解する情報は80％×80％＝64％、人物Aが人物Bに伝えられる情報は64％×80％＝51％、人物Bが理解する情報は51％×80％＝41％、人物Bが相手に伝えられる情報は41％×80％＝33％、相手が理解する情報は33％×80％＝26％となり、最終的に相手が受け取れる情報は元の情報の26％しかないことになってしまいます。2人の人物を通して情報が伝わるというのはよくあるケースです。たとえば、社長→部長→課長→メンバーのように情報が伝わるとすれば、社長が本当に伝えたいメッセージのたった26％しかメンバーには伝わらないということです。

❸ 責任は「組織の場」にある

情報が正確に十分に伝わらないということは、情報を伝える過程の誰かに責任があるわけではありません。そもそもこのようなことが起きる「組織の場」に責任があります。筆者の知る限り、このことの重大性がしっかりと認識されている組織はまれです（図表2）。

7つの法則を使えば、このような情報伝達の失敗にも明確な対策を打つことができます。絶対にこのような失敗が起きない組織をつくることができます。

図表２　本来伝えたい情報をすべて伝えることはできない

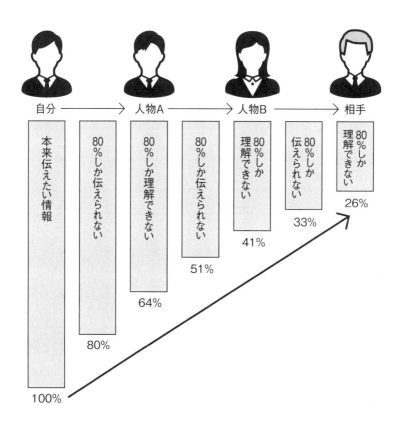

B. 柔軟な職場改善ができない

職場改善とは、日々の仕事を実行して結果を検証し、メンバー全員にフィードバックし、どのようにしたらより効果的に仕事を行うことができるのかを考

え、仕事のやり方や環境を改善していくことです。もっとも、このような正のフィードバックがうまく回っている組織はあまりありません。このサイクルのボトルネックは、メンバー全員に対する結果のフィードバックと、それを受けたメンバーからの改善提案にあります。

職場によっては、成果主義を導入することで、このような改善活動を奨励しようと努めているところもあります。成果主義とすることで、メンバーが果敢にチャレンジすることを促し、どれだけ組織に貢献したのかを測ることによって、率先して職場改善をさせるようにしているものです。しかし、このような工夫をしても、柔軟な組織づくりに失敗するケースは多いのです。

なぜならば、成果主義という制度の中で、成果を測る尺度が決まっているからです。その尺度に照らして成果として評価される行動しか促すことができません。これが成果主義の大きな欠陥です。

7つの法則を使うことで、そのような評価軸に縛られることなく、メンバーが率先して改善提案を出し続け、職場全体がその改善提案を実践できる組織をつくることができます。

C. 共通言語がない

組織の強さを語る上で、上司と部下の距離を近づけるべきだということもよくいわれます。上司と部下は常に密に連携ができて、コミュニケーションも良好であるに越したことはありません。それでは、上司のさらに上司との距離はどうでしょうか。さらに、部下のさらに部下との関係はどうでしょうか。そこまで見ていくと、さすがに距離が近いとか、日頃からコミュニケーションが取れているという組織はほとんどありません。

このような組織の最大の問題点は、共通言語がないことです。共通の考え方や共通の枠組みがなければ、同じ話を聞いたとしても、メンバーによって理解も解釈も異なってしまいます。

7つの法則を、組織の共通言語として機能させることで、誰もが同じ解釈をし、誰もが同じ理解ができます。誰もが同じように納得することができるよう

になります。

D. 全体像が把握できない

　全体像を捉えることは、物事の本質を正しく捉える上で大切なことです。全体像を把握できていなければ、偏った見方や解釈をしてしまうことになります。全体像がわからないために、上司からの指示や仕事の本当のねらいなどを誤って理解し、仕事の失敗や事故につながった例も多く目にします。全体像を理解していなければ、今やっている仕事の本質を理解できないからです。そのため、本筋とは違った無駄な仕事をしてしまうなどの非効率が多く発生してしまうことになります。

　7つの法則は、組織の抱える課題の全体像を俯瞰する地図の役割も果たします。7つの法則に照らすことで組織の抱える課題が誰の目からも明らかになり、全体像を踏まえた高い視点から、真の対策を打つことができるようになります。

E. タイムリーな課題認識ができない

　組織が抱える課題は固定的なものばかりではありません。むしろ刻々と変化していくものです。それゆえに、変化に対する柔軟性が組織には必要です。普通の組織では、ある課題が発見されても、組織のメンバー全員がそれを課題だと認識するまでには、相当の時間を要します。それを待ってから対策を講じたのでは手遅れなのです。

　タイムリーに課題を発見し、いち早くメンバーに知らせる仕組みが必要です。そのためにも、その課題の本質を正確に捉え、誤解のないようにメンバーに知らせる（アラームを鳴らす）ことができなければなりません。

　7つの法則に照らした強い組織づくりの活動は、継続的な活動のため、変化に伴って新たな課題が生じれば、それらをタイムリーに発見することができます。また、共通言語の機能によって、正確かつ迅速に、メンバー全員に知らせることができます。

F. 交渉・説得ができない

　仕事に熱意を持って、自分の信念を貫くことはすばらしいことです。しかし、たいていの組織では揉め事は好まれないので、おとなしく事なかれ主義に甘んじているケースが多く見受けられます。これはとてももったいないことです。

　本来ならば、正しいと思うことを言える組織が望ましい組織です。たとえ、それによって反発が生じたとしても、理路整然と説明することで納得してもらい、正しい方向に改善していけることが正しい組織の姿のはずです。

　しかし、一方では、上司や同僚と真正面からぶつかり合うのは必ずしも望ましいことではありません。本書の方法では、7つの法則という共通言語を持つことで、この法則に照らして、正しいことは誰もが同じように正しいと理解し、誤解なく受け入れることができるようになっています（図表3）。ここに、誤解や対立が生まれる余地はありません。だからこそ、所属するメンバーは、常に前向きに、より高い水準をめざして前進していくことができるようになるのです。

図表3　共通言語があれば誤解はなくなる

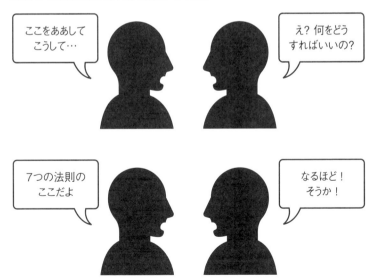

G. 人が自発的に育たない

　人は自らの意思でしか成長できません。そのため、外から与えられた要件だけで育つには限界があります。仕事に必須のスキルは、研修などで強制的に身につけさせることはできます。しかし、このようなやり方だけでは、メンバーが自ら育つ機会をつくることはできません。

　また、自己啓発を推奨している組織も多くありますが、これは必ずしも組織に必要な自己研鑽が行われるとは限りません。もっと遠い将来を見越して自己啓発に励むというメンバーも当然いるからです。

　人は自らその必要性を感じて、自ら成長したいという意思がなければ、自発的に成長していくことはできません。7つの法則が組織に浸透してくれば、メンバー自らがもっと自分はこうしたい、こうなりたいという強い意思を持つようになります。

　また、他のメンバーに後れを取りたくないという（よい意味での）切磋琢磨も芽生えてくるようになります。自ら成長の必要性を感じられる「組織の場」ができるために、メンバーが自発的に成長していくことができるようになります。

H. チームワークが自律的に高まらない

❶ 飲みニケーションの限界

　無理にチームワークを高めようとしても大きな効果が見込めないことは読者も知るところではないでしょうか。意図的に共同作業をさせてみても、グループワークなどの研修をさせてみても、期待するほどには、チームワークは高まらないものです。

　飲みニケーションなどともいわれますが、これはメンバー同士が打ち解ける程度の効果しかありません。そのため、初対面でこれから一緒に仕事をする人たちが、顔合わせをしたり歓迎会をしたりするというのであれば、一定の効果は期待できます。しかし、夜飲みに行かないと本音が話せないというのでは本末転倒です。そもそも、勤務時間中には本音が話せないということにこそ

組織の大きな問題点があるといえます。これらは酒の席で解決できるような問題ではありません。

❷ 自発的な協力関係の構築

　チームワークが本質的に高まる場面は、メンバー同士がどうしても協力し合いたいと思う状況が生まれるときです。チームを組めばお互いに今よりも確実によくなると確信が持てるときには、黙っていてもチームワークは高まります。7つの法則による組織改善の取組みは、はじめのうちは個人での提案が主体になりますが（最初のうちは、このほうがメンバーにとって抵抗が少ないので受け入れられやすい）、そのよさをメンバーが実感してくれるようになれば、より高度な改善を行いたいというインセンティブも生まれてきます。そして、より高度な改善をするようになれば、より広範囲の人たちが恩恵を受けるようになっていきます。その関係するメンバー同士が自発的に協力関係を築きたくなるような職場環境が自然に整ってくるのです。

I.「やらない」と「できない」の区別ができない

　組織のトップに話を聞くと、現場が「やらない」という話をよく耳にします。「やるべきことは明確に示している。メンバーにもやれるだけの能力はあるはずだ。それなのに、なぜやらないのか。管理が甘いのか。もっと厳しくするべきなのか」というのです。しかし、この認識は完全に誤りです。

　確かにメンバーにはそれを遂行するだけの能力はあるかもしれません。しかし、自分の身を削るような思いをしてまで、常に努力し、神経をすり減らすような仕事を継続して行えるようなメンバーは、そういるものではありません。

　ここで大切なことは、仕事がうまく進まないとしたら、それはメンバーがやらないのではなく、「できない」のだと理解することです。できないのであれば、どのようにしたらできるようになるのかという生産的な議論ができるようになります（間違ってもメンバーを締めつけるようなアプローチを取ってはいけません。短期的には成果が見られたとしても、いずれさらに大きな問題となって

返ってくることになります）。

　さらに、もう1つ大切なことは、このできない理由をメンバーの能力に求めないことです。組織全体としての仕事の遂行力は、決して個々のメンバーの能力では決まりません。どのようにしたら、メンバーの能力や努力に依存しない仕事のやり方にすることができるのか、どのような環境を整えたらメンバーが前向きに仕事を進めやすくなるのかを考えるべきです。

　7つの法則からの改善は、この「できない」仕事をなくし、「できる」仕事をふやしていくことです。そして、それはメンバーの能力によらずに、仕事ができるようになることです。すべてのメンバーにとって、できる仕事の範囲が広がっていくことになります。これこそが、本当に強い組織のつくり方です。

[3 「7つの法則」を組織の共通言語にする]

A. 共通の「ことば」がなければ強い組織はつくれない

❶ 共通の思考方法を持つ

　強い組織の基礎となる「強い場」をつくる際に、大切な役割を果たすのが「共通言語」です。共通言語とは、メンバー全員が同じ理解や同じ解釈ができる共通のことばのことです。これは、仕事をわかりやすく、やりやすくするためには、不可欠だといえます。7つの法則は、組織の共通言語としてそのまま使うことができます。

　ここでいう共通言語とは、専門用語を統一するというような単語レベルの共通ではありません。共通言語とは、専門用語や単語の意味をさすのではなく（もちろんそれを理解した上で）、それによって組み立てられる具体的な思考方法や枠組みのことです。7つの法則は強い組織をつくるための強力なフレームワークであり、同時に、共通言語としてもきわめて有効に機能します。

❷ 説明・理解・共通認識の共有が簡単

　共通言語があるからこそ、簡単に問題点を発見でき、簡単にその問題点を指摘することができるのです。また、その指摘に対して誰もが共通の理解をすることができ、共通の解釈をすることができます。7つの法則を使えば、普通のやり方では気づくことのできない問題点を発見することもできます。

　そして、発見した問題点は、普通には発見されにくい複雑な問題もあるため、この7つの法則という共通言語を持たなければ、周囲の人にその内容を伝えることが困難となってしまいます。このように高度な課題・問題点に対しても、7つの法則を組織の共通言語とすることで、誰もが共通に理解することができるようになります。

組織をマネジメントする立場にある者が唯一行わなければならないことは、この7つの法則を組織に定着させることです。これさえできれば、7つの法則でホンモノの原因を見つけ出し、誰もが仕事を正確に、早く、上手に行える組織をつくることができます。この土台をつくれば、組織の強さは自動的に積み上げられるようになっていきます。

B.　部下にも上司にも同じ「ことば」で説明する

❶ 誤解を少なくする

　説明の聞き手によっては、内容に関する知識や理解力に差があるために、相手によって説明の仕方を変えることがあるのではないでしょうか。しかし、これは間違った説明の仕方です。

　たとえば、小学生に説明する場合と大学教授に説明する場合とでは、一般的には、説明の仕方を変えるべきだと思われるでしょう。このことは、小学生と大学教授との間には共通言語がないことが前提となっています。

　仮に、小学生と大学教授がお互いに同じ理解ができる共通言語を持っているのであれば、たとえ聞き手に小学生と大学教授という違いがあったとしても、同じことばで同じ説明をするのが正しい説明の仕方になります。そうすることが、最も誤解を少なくするからです。

❷ 組織の混乱を防ぐ

　これと同じ間違いで、自分の部下への説明と上司への説明とで、説明の仕方を変えてしまう人がいます。上司には上司用のことばで話し、部下には部下用のことばで話すというものです。これは一見、よい方法のように見えますが、これでは自分の上司と自分の部下との間での、正確な意思疎通をできなくしていることになってしまいます。

　また、上司に対してはこのように話しているのに、部下に対してはあのように話しているといった二枚舌と誤解される可能性もあります。本人は立場によってわかりやすく話しているつもりでも、結果的に組織を混乱させることにも

なりかねません。さらに、このような対応には時間と手間がかかるために、非効率な仕事の仕方であるともいえます。

あらかじめ共通言語として定めたフレームワークを用いて示すことで、上司も部下も同じ理解ができるようにしておくことが望ましい組織のあり方です。このような間違いは、非常に多くの組織で起きています。共通言語を持ってさえいれば、このような失敗をすることはありません。

C. マネジメントに漏れがなくなる

❶ 強い組織をつくるための地図

7つの法則は、強い組織をつくるための着眼点を漏れのないように整理したものです。認知心理学の考え方に基づいて、それぞれの法則からメンバーの能力を最大限に引き出せるように、組織の「場」を改善していくことができるものです。そのため、強い組織をつくる地図としても役立ちます。仕事をわかりやすく、やりやすくするために、どこをどのように改善すればいいのかという具体的な改善策を見つけるのにとても便利なものです。

マネジメントを行うときに、これで漏れがないかと、その都度自分で考えることは、とても大変な作業となります。さらに、本当に漏れがないかどうかはどこまで行っても確信が持てないことも少なくありません。

しかし、7つの法則というシンプルな地図を手にすることで、マネジメントに漏れをなくすことができます。マネジメントの対象となるメンバーの行動を7つの法則で網羅的に把握することで、誰でも漏れのないマネジメントが行えるようになるからです。

❷ 現在そして将来の課題にも適切に対処

このように体系化し整理した着眼点の地図を持っていれば、効果的なマネジメントが行えます。何気ない日常を観察していても、この地図と照らすことで、どの場所にどのようなホンモノの原因が潜んでいるのかを簡単に把握することができるようになります。また、実際に起きてしまった過去の失敗・事故など

についても、どこを探せばホンモノの原因があるのかを、簡単に判断できるようになります。

　このように、7つの法則を用いれば、いま目の前にある課題や問題点をマネジメントできることはもちろん、将来起こる可能性のある課題や問題点についても、適切なマネジメントが行えます。

　強い組織をつくるために、まず最初に失敗の起きない組織の土台をつくり上げてしまうことが大切です。そのためには、将来起きる可能性のある課題や問題点の芽をあらかじめ摘み取ってしまう必要があります。一般的には、このようなアプローチは専門知識やスキルを要する難しい取り組みとされています。しかし、7つの法則を用いれば、誰でも簡単にこのようなアプローチが行えるようになります。

D.　メンバーがお互いを理解しやすくなる

　組織として解決しなければならない問題は、多岐にわたります。問題が複雑で難解なこともあります。メンバーがバラバラの理解や解釈をしていたのでは、解決できる問題も解決することができません。そのようなときに大切なことは、原理原則に立ち返ることです。7つの法則は、この原理原則の役割も果たします。

　7つの法則に照らして議論すれば、互いの主張を理解しやすくなります。7つの法則に照らして、何をどのようにしたいのかがわかれば、全員が同じ解釈と理解ができます。そのため、無用な批判もなくなりますし、無駄な議論に時間を割く必要もなくなります。

　共通言語があることで、互いの主張や立場が明確になるために、組織の輪を崩すことがなくなります。メンバー全員が相手を理解できるようになるからです。

E.　問題の混同が起きなくなる

　組織の抱える課題や問題点には、捉えにくいものが多くあります。その上、

いろいろな人がそれぞれの立場から捉えてしまうために、客観的に見ているつもりでも、主観に陥りやすいといえます。さらに、原因は同じでも、目に見える現象は多種多様です。逆に、目に見える現象は同じであっても、原因が多種多様なこともあります。それゆえに、問題の混同が起きてしまいます。

このとき、今見ているのが7つの法則のどの法則であるのかが明確になるだけで、このような混乱は起きにくくなります。どこに潜むホンモノの原因を議論しているのかが、誰が見ても明らかになるからです。その上、メンバー全員が共通の土台の上で議論することができます。そして、このことは、自分の頭の整理にも役立ちます。

F.　結果の検証がしやすくなる

7つの法則は、誰でも簡単に宝探しができる地図の役割を果たします。そのため、組織に隠れている「ホンモノの原因」を網羅的に探し出すことができ、強い組織の場をつくり上げることができるようになります。

探し出したホンモノの原因を7つの法則に照らすことで、最も効果の大きい具体的な対策が立てられます。7つの法則の地図の上に、これらのホンモノの原因が発見された日付と対策が実施された日付、および対策の進捗を書き入れることで、視覚的に管理していくことができます。これによって、どの法則で見つかったホンモノの原因が、どのような対策でどのような効果を上げているのか、どの段階にあるのかなどを常に検証していくことができるようになります（第2章第2節、図表7、図表8参照）。

G.　7つの法則で効果的な議論ができる

7つの法則が共通言語として定着すれば、無駄な会議資料も減らすことができます。簡単なアジェンダが1つあれば十分なことも少なくありません。何が議題であるのかさえ理解できれば、7つの法則に照らすことで、誰もがその問題の構造を理解することができるようになるからです。どの法則のどこが問題

となっているのかを全員が共通に理解することができます。その上、内容に漏れもなくなります。これは、7つの法則に照らすことで、何を議論すべきかが常に明らかであり、誰もが共通の認識を持つことができるからです。そのため、議論を効率的に進めることができます。

7つの法則に照らしている限り、議論の焦点がブレることはありません。論点に対する対応策を効果的に議論することができます。

H. 目に見えない知恵をメンバー共通の知恵にできる

7つの法則は、これまで見えなかった課題や問題点を明らかにすることができます。普通のやり方では発見できない原因を発見することができるからです。7つの法則のどの法則で発見されたホンモノの原因なのかを視覚的に捉えられるため、メンバー全員が共通に理解できるようになります。発見された課題とその解決策は、メンバー共通の知恵として蓄積されていきます。

7つの法則を使わなければ、これらの課題や問題点をメンバー全員の知恵にまで高めることはなかなかできません。その理由は、専門家や技術者など特定の知識や技能を持った人が、課題や問題点を最初に発見することが多いからです。それゆえに、周囲の人にはなかなか理解できない内容であることも多く、特定の人だけが知っているという状況が生まれてしまいます。また、特定の技能がなくても発見できる課題であっても、それを全員に知らせる共通言語がないために、発見した少数の人だけの知恵として蓄積されてしまうこともあります。

このような課題や問題点をメンバー全員が、理解し、納得し、視覚的に捉えることができるようになるために、これまでは目に見えなかった知恵を、メンバー共通の知恵とすることができます。かつては特定の人だけが持っていた知恵を、早い段階でメンバー全員の共通の知恵に変えられることは、それだけでも強い組織の証です。

[4 「強い場」の上に さらなる強さを積み上げる]

A. 自律的に仕事の生産性が高まる

　強い場をつくることで、誰もが正確に、速く、上手に仕事が行えるようになります。これは、仕事がわかりやすくなり、仕事がやりやすくなるからです。そのため、仕事の生産性を高めることができます。このことは、新たに配属されるメンバーにとっても、大きな意味があります。その組織に所属した時から、仕事がわかりやすく、仕事がやりやすい場がすでに与えられているからです。

　7つの法則は組織の共通言語なので、メンバー全員の目で、仕事のわかりにくさややりにくさを探し出すことができますし、メンバーが自らの手で改善を積み上げていくことができます。常に現状を出発点として、さらなる改革を継続していくことができる組織に変わっていきます。これによって、メンバーの努力や能力に頼らなくても、正確に、速く、上手にできる仕事のやり方に変えていくことができます。メンバーにとっては、自分の努力や能力によらずに、自分のできる仕事の範囲がどんどん広がっていくことになります。できる仕事の範囲が広がるということは、組織の場が強くなることにほかなりません（図表4）。

❶ 非効率な仕事がなくなる

　仕事を誰もが、正確に、速く、上手にできる範囲が広がれば、当然の結果として、仕事の失敗も起きない組織に変わります。そのため、失敗の後処理や、仕事のやり直しなど、仕事の効率を下げる後ろ向きの仕事が発生することがなくなります。仕事の失敗がなくなるだけではなく、仕事そのものが正確に速く行えるようになります。確実に組織の強さが底上げされていきます。

　7つの法則による組織改善は、長く続ければ続けるほど、先人の知恵の上にさらなる強さを積み重ねていくことができます。

図表4　努力しなくても、できる仕事の範囲が広がる

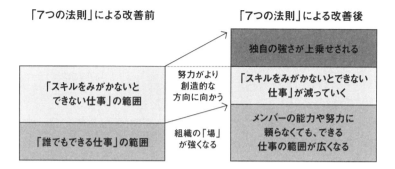

❷ 時間の経過による劣化も起きない

　改善の歴史が長くなると、過去の改善理由がわからなくなり、いつの間にか改悪してしまうという失敗もよく起きます。

　しかし、7つの法則では、その理由や目的をいつでも明らかにしているので、メンバー全員が7つの法則という地図の上で過去の改善内容を把握することができます。そのため、長い歴史を経ても、そのような過ちに陥ることがありません。

　また、失敗がない期間が長くなればなるほど、失敗に対する免疫がなくなってしまうために、ある一定期間が過ぎれば、いつか必ず失敗は起きるという人もいます。

　しかし、7つの法則の本質は、仕事をわかりやすく、やりやすくすることであるため、これらを常に念頭に置くことができます。そのため、時間が経過しても、失敗の起きない体質は変わることがありません。

　7つの法則は、常に現在を出発点として連続して改善を続けていく活動です。常に現在が起点となって、新たな発見と改善が積み上げられていきます。7つの法則が組織の共通言語として定着していれば、どのような環境変化があっても、常にホンモノの原因にアンテナを張っておくことができます。そのため、失敗を経験したことのないメンバーがふえたとしても、それによって失敗が起きやすくなるということはありません。

❸ 創造的な仕事をする余裕が生まれる

仕事がわかりやすく、仕事がしやすい組織になれば、誰でも、仕事を正確に、速く、上手に進めることができるようになります。そのため、仕事での失敗がなくなり、後ろ向きの仕事もなくなります。メンバー全員が前向きな仕事に集中することができるようになります。

常に存在するのは、どのようにしたらよりよく仕事ができるか、よりよい職場にできるかという考え方だけです。そのため、創造的な活動がふえていくことになります。

メンバーが前向きになり、心にゆとりが生まれるため、組織の中で自分がどのようにしたら仕事がやりやすくなるかということだけにとどまらず、どのようにしたら同僚や仲間が働きやすくなるかについても考えるように変わっていきます。このことが、組織全体や取引先、顧客へのサービスへと範囲を広げていくことで、組織全体や会社全体がよい方向に向かっていくことになります。

この活動を続けることで、組織を改善するだけではなく、顧客へのサービスの品質を高めたり、取引先との仕事の効率を高めるなど、その対象範囲を拡大していくことができるようになります。

❹ 周囲が成功を奨励する環境に変わる

7つの法則を実践していくと、組織の中で、メンバーがそれぞれの得意分野で評価されるようになっていきます。画一的な評価ではなくなっていくために、メンバーそれぞれの幸せが存在するように変わります。そのことを理解し、満たせるような組織へと進化していくことができます。

お互いの成功をたたえ合い、励まし合える職場風土へと変わるのです。これによって、職場そのものがメンバーの成功を奨励し続ける文化に変わります。これは組織風土として根づくために、きわめて強い組織の場ができ上がることになります。

❺ 仕事をしやすくする改善提案が次々に出される

7つの法則が根づくことで、メンバーからは積極的に改善提案が出されるようになります。無理して数を競わせたり、頭数合わせに見せかけの提案を出す

必要などはありません。メンバーの視線が自然にホンモノの原因に向かうようになり、それをなくせば確実に仕事がやりやすくなることを全員が理解するようになるからです。7つの法則が共通言語となることで、発見したホンモノの原因を誰でも理解することができます。その改善にも全員が前向きに取り組むことができます。

そのため、以前にも増して仕事がわかりやすく、やりやすく変わっていきます。常にメンバーのできる仕事の範囲が広がります。メンバー同士の関係が良好になることで、部門同士の関係も良好になります。

これらのことが相乗効果となって、改善提案が途切れることはありません。これは持続的な効果であり、強い組織づくりにおける正のサイクルに入った証です。

B. チームワークが自動的に高まる

組織に「強い場」をつくることで、チームワークが自動的に高まる職場へと変わっていきます。強い組織をつくるために、無理にチームワークを高めようとしても、なかなかうまくいくものではありません。むしろ、そのような意図をメンバーが感じ取ることで、このような改善活動が冷めてしまうことさえあります。

7つの法則を組織の共通言語として組織改革を進めることで、メンバー同士が自ら協力関係を築くように変わっていきます。このことは、とても重要なことです。メンバーが自らチームワークが必要だと認識するようになっていくからです。

❶ 自発的な意見交換の場ができる

7つの法則による組織改善を始めたばかりの時期には、メンバー個人からの改善提案がほとんどです。複数のメンバー共同での改善提案が出されるということはあまり見られないことのほうが多いです。しかし、7つの法則が共通言語として定着することで、ホンモノの原因を探す活動が組織に定着します。

誰の目から見ても、仕事がわかりやすく、仕事がやりやすく変化していることが実感できるからです。

　概ね、メンバー全員がその効果を実感できるくらいに組織改善が進んだ段階になると、メンバー個人の思いだけで改善提案を出すというよりも、あらかじめ同僚と議論することで、一歩進んだ改善提案を出すように変わっていきます。個人の提案から、チームの提案へと変わります。この変化は一概にいつ起きるとはいえませんが、筆者の経験では、遅かれ早かれ必ず起きるものです。

　これは、自分ひとりで考えたものよりも、仲間と話し合って出した改善提案のほうが、よりよい提案になるからです。だからこそ、自発的に行われるようになるのでしょう。さらに、あらかじめ仲間と話し合った改善提案であるために、実行がスムーズに進むことも、この流れを後押しすることになります。

　そのため、周囲の仲間と改善提案について、相談や意見交換をする場面を多く見かけるようになります。このような変化を目の当たりにすると、組織の「場」が強くなっていることを、強く実感できるようになります。

❷ 協力が必要な場面が必然的に訪れる

a)　より高度な課題に取り組むために

　7つの法則を共通言語として職場に根づかせた最初の頃は、単純であってもアッと驚く改善提案が多く出されるのが普通です。これは多くのメンバーの視線を、普通のやり方では発見できないホンモノの原因に強制的に向くようにしているからです。しかし、この活動を長く続けていくと、さすがにそのように単純な改善点は見当たらなくなってきます。では、7つの法則による強い組織づくりはここで終わりかというと、そうではありません。より高度な改善提案につながるサイクルへと入っていくことになります。

　解決すべき課題が高度になればなるほど、メンバー個人や単独の職場だけでは解決できないものがふえていきます。この段階になると、メンバーも個人の殻を破り捨て、仲間との協力関係を築くようになっていきます。これは、すでに仕事をしやすい職場環境への改善が進み、仕事の失敗も少なくなって、メンバーの心にもゆとりが生まれてくるからでもあります。単独の部門も同じで、

単独部門の殻を割り、他の部門と協力関係を築くようになっていきます。この活動によって、仕事の成果も職場の環境も必ずよくなるという確信を持てるようになるからです。

b) 個人の限界を知ることでチームワークが高まる

より高度な改善をしようとすれば、必然的に他のメンバーや他の部門を巻き込んで、協力し合う必要が出てきます。そして、それによってさらにレベルアップを図れるとの確信が持てるからこそ、お互いに協力することを拒みません。したがって、このような変化が見えてくるよりも前に、無理にチームワークを高めようと不要な取組みをする必要はありません。もちろん、そのような試みも無駄にはなりませんが、この段階になれば、必然的にチームワークが高まるようになっていきます。

7つの法則の目的は、組織に「強い場」をつくることです。これによって、組織のメンバーは、最大限の成果を出せるようになります。一方で、メンバーは自分ひとりの限界を知り、より効果的に仕事をこなすためには、周りの仲間の助けが必要であることを必然的に悟るようになります。これによって、協力関係が自動的に築かれていくようになります。チームワークは必ず高まるようになっています。

C. 高度なスキル習得に向かうことができる

組織に「強い場」ができると、たとえ努力をしなくても、仕事を正確に、早く、上手にできるようになります。しかし、だからといって、メンバーの向上意欲がなくなるわけではありません。このカギを握るのが、仕事がわかりやすく、やりやすく変わっていくことです。このように職場が変わっていくことで、メンバーの心にはゆとりが生まれ、職場への満足感が高まることで、その組織のためにがんばって仕事をしようという連帯感が生まれてきます。他のメンバーや他の部門との関係も良好になっていくことから、この連帯感をさらに高めます。

したがって、誰でも正確に、速く、上手に仕事ができるという一定レベルを

さらに超えて、自分の意思で自己研鑽に励むことで、さらに生産的な仕事をこなせるようになっていきます。

これらの動きは黙っていてもある程度は見込めますが、この時期を見計らって、職場として、自己研鑽を奨励するような制度を設けるといいでしょう。簡単な表彰制度であっても、資格取得の支援であってもかまいません。すでにメンバーはそうしたいと思っているのですから、組織はその背中を押してあげるだけでいいのです。

メンバーがスキルを磨き上げることによって、これまでにつくり上げた「強い場」の上に、さらに強さを積み上げてくことができるようになります。

D. これまでできなかった仕事ができるようになる

組織の場が弱ければ、メンバーの努力や能力に依存して仕事を進めることになります。そのため、その仕事を行えるスキルを持たないメンバーには、その仕事はできません。しかし、組織の場が強くなれば、仕事はわかりやすく、やりやすく改善されるため、これまでできなかった仕事が、誰にでもできるものへと変わっていきます。

仕事の幅が広がることは、メンバーのやりがいやモチベーションを向上させます。一方で、もともとこの仕事ができていたメンバーにとっては、一緒にできるメンバーがふえることによって、仕事の負荷を減らすことができます。

特別な訓練をしなくても、できる仕事の範囲を広げられることは、強い組織をつくる上で大変重要なことです（図表4参照）。

E. 経験曲線が加速する

7つの法則を活用した組織改善は常に、仕事をわかりやすく、やりやすく変えることができます。そして、その改善は組織に蓄積されていきます。強い場の上に、さらに強い場を重ねていきます。

これには経験曲線を加速させる効果があります。本来ならば、長い時間を

かけて、メンバー全員が経験を蓄積していくことが必要です。しかし、7つの法則を使った組織づくりでは、組織の「場」に経験を蓄積していくことになります。これはメンバーが個々に経験を蓄積するよりも、はるかに効率的で持続的です。そのため、メンバーが時間をかけて経験を蓄える負担を最小限にすることができます。これによって、組織全体の生産性を加速して高めていくことができます。

F. 組織全体の文化が変わり、正のサイクルが回り始める

どのような組織でも、仕事がわかりやすく、やりやすくなれば、メンバーは仕事を正確に、速く、上手に行えるようになります。そうなれば、必ずメンバーが前向きに変わります。仕事へのモチベーションも高まります。

どのような組織でも、7つの法則を共通言語とすることで、メンバー同士の関係が良好に変わり、他部門とのコミュニケーションも円滑になります。必ず組織文化が変わっていくのです。もっと強い組織になろうという文化が根づいていくことになります（図表5）。

図表5 「強い場」の上に強さを積み上げていく

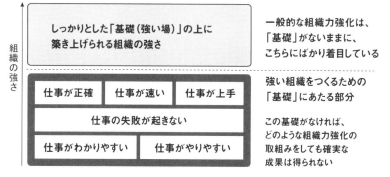

組織の文化は一朝一夕で変わるものではありません。しかし、7つの法則を使えば、少しずつであっても、着実に変えていくことができます。組織づくりは積み重ねです。「強い場」は積み重ねによってでき上がります。積み重ね

ることで強い場をつくり上げ、本当に強い組織へと変わっていきます。

　7つの法則による組織づくりは、最初は個人が主体となることが多いのですが、徐々に、チームや組織全体へと変わっていきます。これは正のサイクルが回っていくプロセスです。個人からの提案で改善が確認されれば、もっと大きなチームでの改善にもつながります。チームでの改善がうまくいけば、当然、組織全体での改善へとつながっていくことになります。これは、7つの法則による効果としては必然です。ただし、これらのサイクルを止めないように、職場として改善提案を奨励していくことが大切です。

COLUMN 01

組織変更は座席配置まで深く入り込む

　机上でいくら組織図をいじってみても、大した成果は生み出せないでしょう。組織とは、メンバーが最大限の能力を発揮できるようにするフィールド（場）だからです。本当に大切なことは、組織の箱ではなく、「強い場」をつくり上げることにあります。そのため、組織という箱の概観を変えるだけでは、組織の場が強くなるとは限りません。

　場を強くするために必要なことは、メンバーとメンバー、または組織と組織が動きやすくなるかどうかということです。どの部署とどの部署に協働してもらいたいか、誰と誰に協力関係を築いてもらいたいかということから、明確な目的を持って組織を配置するのが正しい組織変更のあり方です。最終的には座席図にまで踏み込んで議論を深めなければならないといえるでしょう。

　組織を変えるということは、会社にとっては一大イベントです。だからといって組織という箱をいじるだけで終わらせてしまっては、せっかくの組織変更の効果を十分に発揮することはできません。組織変更は戦略としても大切ですが、それを実りあるものにするためには、座席配置にこそ力を注いで徹底的に設計するべきものといえます。仕事をするのはメンバーです。そのメンバーを動かすのが、組織という場です。この場に力を与えるのは、メンバーが動きやすいかということです。たとえ、いかなる大会社であっても、この原則に変わりはありません。

Chapter

2

7つの法則で
「ホンモノの原因」を
探し出す!

1 「ホンモノの原因」を摘み取る

A. 事例からホンモノの原因を見つけ出す

　組織の「強い場」をつくるためには、仕事を正確に、速く、上手にできるように、仕事をわかりやすく、やりやすく整える必要があります。そのためには、それを妨げている原因（失敗の原因）を1つひとつ正確に見つけ出し、取り除いていくことが必要です。一般的に、そうした原因は多岐にわたりますが、それらは大きく分けて、①それ1つだけを解決しても問題解決には至らないもの、②これさえなければ絶対に失敗に結びつかないもの——の2種類があります。そして、この②こそが、見つけ出して解決すべき「ホンモノの原因」です。

　ここでは、簡単な事例を用いて、ホンモノの原因について具体的に説明していきます。事例は、過去に実際にあった医療現場での失敗事例です。医療現場とは縁の薄い方のほうが多いとは思いますが、客観的に眺めて、「ホンモノの原因」がどのようなものであるかを考える上で最良の事例といえます。実際に、自分でホンモノの原因を探す場合、第三者の視点から客観的に眺めることは、とても大切なことです。この事例で取り上げる考え方は、あらゆる職場改善の場面で応用ができます。

　ただし、ここではまだ、7つの法則は使いません。まずは、7つの法則を使う際の大前提であるホンモノの原因について、その本質をご理解いただきたいと思います。ホンモノの原因を考慮した場合としない場合で、原因の見つけ方や解決の仕方にどのような違いがあるかがわかります。

【事例】『毎日新聞』2008年8月28日の記事より一部抜粋

[医療事故　酸素と誤りCO₂吸入、2人死亡　福岡]
　福岡県○○市の○○総合病院は27日、患者2人の緊急手術の際、酸素と誤って二酸化炭素を吸入させ、2人はその後死亡したと発表した。(中略) 同病院によると、24日午前3時50分ごろ、大腸がんのため入院中に危篤状態になった入院中の70代男性患者を手術室に運んだ。その際、手術室内の移動時に使う専用の酸素ボンベが空になっていることを確認。20代の女性看護師が誤って持ってきた二酸化炭素のボンベをつなぎ、入り口から手術台までの約20メートルを二酸化炭素を吸入させながら運んだ。当時、周囲にはこの看護師を含め3人のスタッフがいたが、失敗に気づかなかったという。
　さらに、同日午後6時ごろ、転倒して頭を打ち、搬送されてきた重傷の80代男性患者を手術をする際も、誤ってこの二酸化炭素ボンベを取りつけ、手術室内の入り口と手術台の間を運んだという。
　70代男性は手術前に、80代男性は翌25日に死亡した。
　病院によると、ボンベは両方とも長さ約70センチで同じ大きさだが、酸素は黒色、二酸化炭素は緑色と色分けされていた。病院側は「緊急事態で焦って取り違えたのだろう。本来気づくべきだが、チェックができていなかった」と釈明している。
　ボンベの取違えは、手術室担当の看護師長が25日に、手術室内にあった二酸化炭素ボンベに、酸素を調節するための流量計が取りつけられていたことから気づいて発覚した。(以下、省略)

B. よく指摘される失敗の原因と対策

　このような事故があった場合、一般的に、次のような指摘がなされます。
・作業者の不注意が原因である。
・緊急手術のために焦っていたことが原因である。

- 早朝の出来事であり、看護師に疲れがあったのが原因である。
- 流れ作業となり、命を預かるという意識が希薄になっていたことが原因である。
- 間違えるはずがないという甘えや慢心があったことが原因である。

そして、次のような対策案が提唱されます。
- ボンベの指差し確認の徹底。
- 看護師同士によるダブルチェックの徹底。
- チェックリストによる確認の徹底。
- 確認内容を声に出した唱和の徹底。

　一般的な対策案では、上記のように「××の徹底」というものが非常に目立ちます。このような対策も完全に間違いというわけではありませんが、決して十分な対策ではありません。このような対策を講じても事故や失敗は必ず再発します。なぜならば、これらのことを「徹底できない原因」が存在するからです。

C. ホンモノの原因を見つける

　では、本書の手法で失敗原因を探っていきます。

❶ 現状の把握

　まず、事故現場の現状を以下のように列記します 。現状を正確に認識するためです。

① 早朝3:50に入院中の70歳代の男性が突然に危篤状態となってしまい、一刻も早く手術室に運ぶ必要があった。
② 運搬用のベッドに男性を移動させ、手術室へ移動する準備を複数の看護師が同時に行っていた。看護師同士の連携が欠かせない状況であった。
③ 男性を手術室に届けねばならないということは全員が把握していたが、誰が何をし、誰が確認するのかの手順が不明であった。

④ 移動用ベッドは簡易なものであるため、無理な体勢での作業もあり、看護師には身体的なストレスがかかっていた。
⑤ 交代勤務であるために、看護師には疲労が蓄積されていた。
⑥ 酸素と二酸化炭素のボンベが2種類あり、大きさが同じである（長さ約70センチ）ために、取り違えやすい状態であった。看護師の注意力に頼って正しいボンベを接続しなければならない状態であった。
⑦ 酸素と二酸化炭素のボンベは、色分けがされていた（酸素は黒、二酸化炭素は緑）が、何のボンベが何色であるかを看護師は正確には覚えていなかった。また、黒と緑は暗がりでは見分けにくい色の違いであるため、区別しにくい状態であった。
⑧ 酸素と二酸化炭素のボンベには、大きな文字によるラベル表示はなかった。ボンベの金属部分に直接彫り込まれた小さな文字で「O_2（酸素）」「CO_2（二酸化炭素）」とだけ表記されていた。
⑨ 流量計との接続はいずれのボンベでも可能な状態にあり、誤ったボンベを接続しても気がつかなかった。
⑩ 接続したボンベを複数の目で確認する手順がなかった（または、あっても実行されなかった）。
⑪ 緊急運搬時に確認すべき事項をまとめたチェックリストがなかった（または、あっても使用されなかった）。

❷ 原因の列記

　次に、上記の現状認識から、仕事をわかりにくくしている原因、仕事をやりにくくしている原因を探して列記します。この作業は7つの法則（地図としての役割）を使うと簡単に行えるのですが、先ほど述べたとおり、考え得るものを列記するという原始的な方法で作業を進めていきます。
　すると、次のような原因が考えられます。
① 作業精度と素早い作業にはトレードオフの関係があり、緊急時には作業精度が下がる環境であった。
② 1人の看護師が同時に複数の作業を行わざるを得ない環境であった。

③ 運搬やボンベ接続などでは、苦しい姿勢での作業も必要であった。
④ ボンベの形状が同じであり、色も似ていた。
⑤ どちらのボンベでも接続できる状態であった。
⑥ 手術という大きなイベントの直前の作業であり、意識が手術に向かいやすい状態であった。
⑦ 看護師同士の手順を決めたルールやチェックリストがなかった。
⑧ 他の看護師の作業を監視したりチェックするという習慣がなく、他の看護師の作業には口を出さない環境であった。

皆さんの中には、これ以外の失敗原因をあげた方もいることでしょう。可能性のある原因を列記していくことはとても大切なことです。

❸ ホンモノの原因を見つける

列記した原因の中から、これさえなければこの失敗は絶対に起こらなかったという原因を探します。それがホンモノの原因です。上記の①〜⑧の中に正解があるので、考えてみてください。

この事例では、上記の原因のうちで、⑤の「どちらのボンベでも接続できる状態であった」ということさえなければ、この失敗は絶対に起こらなかったといえます。つまり、いかなるメンバーがこの仕事をしたとしても、最低限、絶対に失敗を起こさないようにする対策は、「正しいボンベしか接続できないようにする」となります。

D. 対策を立てて明示する

ホンモノの原因を特定しても、必ずしもすぐにその原因を排除できるとは限りません。たとえば、この事例では、ボンベや流量計の口径をすべて交換しない限り、「ホンモノの原因」を完全になくすことはできません。お金も時間もかかりそうです。そのような場合には、次のように2つの視点で対策を立てます。

① ホンモノの原因を完全になくす対策……真の対策

② 真の対策が実行できるまでの代替的な対策……すぐにできる対策

　この事例の場合、「正しいボンベしか接続できないようにする」が真の対策です。しかし、ボンベなどの接続部分を変更することは、お金も時間もかかるので、すぐに実行できそうもありません。そこで、真の対策の実行プランの立案と併行して、より安くできて効果のありそうな「すぐにできる対策」を考えます。

　たとえば、上記に列記した原因のうち、「④ボンベの形状が同じであり、色も似ていた」に着目して、Ａ３サイズの用紙に大きな文字で「酸素」「二酸化炭素」と表記し、どの方向から見ても読み取れるようにボンベに貼るようにすれば、すぐに行える対策として効果が期待できます。なお、この対策は紙が破れたりはがれたりすると効果がないので、恒久的な対策ではないことがおわかりいただけると思います。

　以上の作業を経て得られた結論は、次のようになります。

◆ 真の対策

　正しいボンベしか接続できないようにする

◆ すぐにできる対策

　誰が見ても一目でわかるように、ボンベの中身を表示したラベルを貼る

　このように、ホンモノの原因を理解して取り組めば、簡単に対策が立てられ、職場を「強い場」にしていくことができます。次に説明する７つの法則を使うと、それが簡単にできるのです。

［2 7つの視点で職場をチェック］

A．ホンモノの原因が潜む場所は7つだけ

　ホンモノの原因を見つける際に大切なことは、無数に考えられる原因の中から、どれが本当にホンモノの原因であるのかを見きわめることです。本質的な原因ではない原因をホンモノの原因と思い込んで、モグラたたきのような場当たり的な対応を取っていることも少なくありません。ホンモノの原因を完全になくさなければ、そのことが原因で、失敗はいつか必ず起きます。失敗は起きるべくして起きるのです。

　7つの法則は、その判断を正しく行うための方法論であり、ホンモノの原因を探すための地図としての役割を果たします。7つの法則を使うことで、ホンモノの原因を探す作業は終わりの見えない果てしない作業ではなく、地図を見ながら確実に戻って来ることのできる宝探しの旅へと変わります。

　職場を見渡す視点は次の7つです（図表6）。
① 「五感」に頼っている場所
② 「伝達」に頼っている場所
③ 「記憶」に頼っている場所
④ 「順序」の場所
⑤ 「中断」の場所
⑥ 「ルール適用」の場所
⑦ 「動作」の場所

　7つの視点で職場を見渡せば、そこに潜むホンモノの原因をすべて見つけ出して排除できます。さらに、ビジネス環境の変化に伴って生じる新たな失敗原因に対しても、速やかに対処できます。

図表6「ホンモノの原因」を探す7つの場所

「認知」の段階	「判断」の段階	「行動」の段階
1「五感」に頼っている場所	4「順序」の場所	7「動作」の場所
2「伝達」に頼っている場所	5「中断」の場所	
3「記憶」に頼っている場所	6「ルール適用」の場所	

B. マネジメント上のメリット

　7つの法則は、単に手法が簡単だというだけではありません。ホンモノの原因を探す場所が7つしかないということは、組織をマネジメントする上でもとても役に立ちます。

❶ 漏れがなくなる

　自分の判断で、その都度、これで漏れがないかと考えるのは大変な作業になります。しかし、7つの法則は、誰がやっても仕事がわかりやすく、仕事をやりやすくするためのアプローチであり、すべての職場に適用できるように体系的に整理したものです。この法則に照らして職場を見渡すだけで、漏れなく確実にホンモノの原因を探し出せるようになっています。

　失敗の原因を探すために大切なことは、何よりも漏れがないことです。せっかく大事な取組みをしているにもかかわらず、取りこぼしがあってはもったいないことです。また、マネジメントを行う立場としても、部下や上司からの信頼が揺らぐことにもなりかねません。7つの法則を使うことで、これで漏れがないと確信して、職場改革を進めていけるようになります。

❷ **管理がしやすい（理解が容易になる）**

問題点をビジュアル化して一覧表示することで、過去、どの法則のどの部分にホンモノの原因があったのか、それに対してどのような対策を打ったのか、その対策の結果はどうだったのかなど、過去の経緯と現在の進捗を合わせて一覧表示して管理できます（図表7）。

図表7　7つの法則を一覧表示した例

	ホンモノの原因		真の対策		すぐにやる対策	
	内容	発見日	内容	発見日	内容	発見日
五感の法則	どちらのボンベも接続できる状態だった	00/00	正しいボンベしか接続できないようにする	00/00	誰が見ても一目でわかるよう、ボンベの中身を表記したラベルを貼る	00/00
	………	…	………	…	………	…
伝達の法則	………	…	………	…	………	…
	………	…	………	…	………	…

このことは、他者に説明する場面でも非常に大きな効果を発揮します。7つの法則から発見されるホンモノの原因は、普通の方法では見過ごされてしまうようなものも多くあります。非常に説明しにくいようなホンモノの原因などは、単に言葉だけで説明しようとしてもなかなかうまくいかないことがあります。しかし、この7つの法則に沿って説明すれば、必ず相手に理解させて納得させることができます。

❸ **理解が容易になる**

どの法則のどこにホンモノの原因が潜んでいるのかを視覚的に理解することもできます（図表8）。

さらに、7つの法則を組織の共通言語とすることで、メンバー全員が共通の理解をすることができるようになります。無駄な誤解や対立がなくなります。お互いが気持ちよくホンモノの原因を理解し、前向きに対策を打っていくことができるようになります。

図表8　7つの法則で原因と対策をビジュアルに管理できる

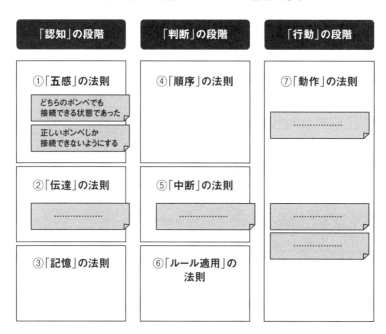

❹ **検証がしやすい**

　ホンモノの原因が潜んでいる場所を網羅的に知ることができます。しかも、地図の役目を果たすため、図に示すことで視覚的に捉えることもできるようになります。そのため、ホンモノの原因を正確に特定できるようになります。また、立てた対策を確実に実行していくこともできるようになります。地図を見ながら検証することができるため、強い組織づくりを確実に前進させることができるようになるのです。

そのため、7つの法則からの改善提案は、言いっぱなしになることがありません。7つの法則に照らして正しい改善提案であれば、必ず実行され、組織に根づかせることができます。そして、実行した対策は、必ず検証していくことができます。

❺ 混同が起きにくい

ホンモノの原因の中には、捉えにくいものも多くあります。そのうえ、多くのメンバーがそれぞれの主観で捉えてしまうことの多いものでもあります。客観的に眺めているつもりでも、きちんとした方法論と共通言語を持たなければ、主観に陥ってしまいます。

少なくとも、関わるメンバー全員が今見ているのが7つの法則のどの部分であるのかを明らかにできれば、このような誤りをしなくて済みます。メンバーの頭の中を整理するためにも役立ちます。複数のグループで失敗の原因を議論するような場面においても、この地図があることで、確実に共通の机上で話し合いをすることができるようになります。そのため、問題の混同を避けることができます。

以下では、7つの法則1つひとつについて説明していきます。

[3 「五感」の法則から
ホンモノの原因を探す]

五感に効果的なインプットがない組織では
失敗が起きやすい

図表9 「五感」の法則からホンモノの原因を探そう！

「認知」の段階	「判断」の段階	「行動」の段階
1「五感」の法則	4「順序」の法則	7「動作」の法則
2「伝達」の法則	5「中断」の法則	
3「記憶」の法則	6「ルール適用」の法則	

A. 五感に目を向ける

❶ 見ているようで見ていない

　五感とは、一般的には、視覚、聴覚、臭覚、味覚、触覚の5つの感覚をいいます。人間はこれらの感覚によって外界の状態を知覚しています。本書でいう五感とは、ものごとの種類や性質を見分けることだと捉えてください。目で見て、または手で触れて、把握することをいいます。

　この五感に頼って仕事をしているところに、ホンモノの原因が潜んでいることはきわめて多くあります。なぜならば、人はものごとを見ているようで見ておらず、確認しているようで確認していないからです。具体的には、仕事を遂行

するにあたって、この五感による識別を妨げるような原因がある場合には、「見逃してしまった」「取り違えてしまった」「勘違いしてしまった」などのさまざまな失敗が起きることになります。

❷ 思い込みに注意

さらに、人の思い込みはとても強烈です。一旦こうに違いないと思い込んでしまうと、実際にそうでないという事実が目の前にあったとしても、その事実に気づくことができなくなってしまいます。この思い込みによる失敗をなくすためには、識別に必要な情報を「五感に強烈に訴えるものに変える」ことが必要です。無理やりにでも正しく「識別させる」仕組みをつくらなければなりません。メンバーが常に状況を正しく把握できるようにすることは、強い組織をつくり上げる上で不可欠です。

B. 五感に頼っている仕事に要注意！

❶ 五感への信号が弱いとミスにつながる

五感に頼っている仕事とはいったいどのようなものでしょうか。そこには、どのような仕事のやりにくさが潜んでいるのでしょうか。

たとえば、先に触れた病院の事例でいえば、ボンベの中身が何であるのかを、どこで認識させるかということです。ボンベ上部の金属部分に小さな文字で「O_2（酸素）」や「CO_2（二酸化炭素）」と掘り込まれているというような場合には、五感へのインプットがきわめて弱いために、見間違いや取違いを起こしやすくなってしまいます。

本来は違うものだということを瞬時に見分けなければならない状況では、五感にインプットされる信号が弱いと、致命的な失敗につながることがあります。五感にインプットされる信号が弱いことの問題点は、その仕事に関わるメンバーの識別する能力や努力に頼らざるを得なくなってしまっているということです。

❷ わかりにくい仕事の例

　身の回りを見渡せば、このような状況は驚くほど多くあります。たとえば、違う伝票なのに同じ色や大きさのものが使われていたり、別々の用途に使用するのに似たような印鑑が使われていたり、それらの印鑑が同じ場所に保管されていたり、左右どちらの電灯のスイッチかわからないスイッチが部屋の壁に上下に並んでいたりします。これらは仕事のわかりにくさ、やりにくさの原因であり、失敗を引き起こす原因になります。なぜならば、これらを正確に見分けなければ正しい仕事は行えませんが、その判断をメンバーの能力と努力に依存しているからです。

❸ 強い組織はここが違う！

　このように、仕事のわかりにくさ、やりにくさがそのままの状態にされている組織というのは、一般的には弱い組織といえます。中には、これらの状態のままでも成果を出し続けている組織も探せばあるのは確かですが、それは明らかに例外的な組織です。

　本当に強い組織においては、このようなことは絶対に起きないようになっています。起きないようにあらかじめ組織の「場」が整備されているのです。誰がその組織に所属したとしても、あらかじめこのような失敗は絶対に起きないようになっていることこそが、本当に強い組織の条件だからです。

　ここでは非常に単純化した例をあげましたが、それぞれの組織にそれぞれの千差万別なホンモノの原因があるはずです。ぜひ、「五感に訴えていない場所はないか？」「識別するのに苦労する仕事はないか？」などの視点で、職場を見回してみてください。

C. 五感に頼って仕事に失敗するケース

❶ 日常では些細でも職場では重大

　それでは、五感にインプットされる信号が弱い場合には、どのような不都合が起きるのでしょうか。ここでは、日常生活に馴染みのある単純化した失敗

を例にあげて説明します。

　ところで、「このような単純な失敗なら、そのように大上段に構えなくても簡単になくせるではないか」とか、「強い組織をつくるためにはもっと高尚なマネジメントの内容を期待しているのだ」などとは考えないでください。ここで紹介する基本的な方法が身につけば、どのような高度なマネジメントにも、いかなる大組織にもすべて適用できるようになります。

　部屋の右と左の電灯を点け間違える程度のことであれば、普通は「あ、間違えた」で済みます。しかし、これが工場の操作スイッチだとしたらどうでしょうか。工場なのだから当然操作ミスはしないようになっているはずだと考えるのは大きな間違いです。実は、多くの工場がこれと同じ原因を抱えています。

　たとえば、ある機械を操作するボタンが左から右に順に並んでいるとします。そのボタンには「1、2、3……」と番号がついています。しかし、これらのボタンが何のボタンなのかはどこにも書かれていないということがよくあります。近くのマニュアルを見れば、ボタンの操作説明が載っているとしても、普段はマニュアルを見ながら操作をすることなどありません。

❷ 意味を伝えられない表示はだめ

　こうした職場では、操作の順番を覚えてしまうことも多いのではないでしょうか。その場合、普段と変わらない流れ作業であれば、これでも問題なく作業を完了することができるでしょう。しかし、1つボタンを飛ばしてしまったなど、何らかのトラブルが起きた場合には、どうしたらいいのかがわからなくなってしまいます。ボタンの番号は単に左から順に振ってあるだけなので、その数字自体には何の意味もありません。数字を見ても何を操作しているボタンなのかはわからないのです。これでは、ボタンを1つ飛ばしてしまったときに、一体何が起こっているのかを正確に把握することができません。

　何が起こっているのかを把握することができなければ、操作を回復させることもできません。1つ前のボタンから操作しなおせばいいのか、一度すべての動作を停止させて、最初から操作しなおさなければならないのか——などについては、ボタンの数字から起きている事態や復旧させるための手順を推測する

ことは不可能です。これらの例だけを見ても、五感の法則によってホンモノの原因を探すことの重要性を理解してもらえるのではないでしょうか。

D. 五感を考えた仕事設計

❶ 消費者に間違えさせない努力

　家電製品の中には、自宅で複雑な配線をしなければならないものもあります。これらには家電メーカーが試行錯誤の末に、購入者が間違えることなく、複雑な配線を簡便に行えるように工夫されているものが多くあります。

　たとえば、テレビとDVDレコーダーを接続するプラグ同士が同じ色になっているなどもその一例です。赤のプラグは赤に、黄色のプラグは黄色に、白のプラグは白に接続するというように、購入者が確実に作業を行えるような工夫がされています。そのおかげで、購入者はわざわざ何の配線であるかを1つひとつ考えながら作業をする必要がなく、専門知識がなくても間違いのない作業が行えるのです。

　同じことは、色だけではなく絵を使っても行われています。たとえば、カラオケのマイクをどこに接続したらいいかがわからないということがないように、今ではプラグの差し口にマイクの絵が描かれています。ヘッドホンの接続口がわからないということがないように、接続口にヘッドホンの絵が描かれています。

　これらはいずれも購入者が失敗しないように、作業のわかりやすさとやりやすさを工夫した結果です。これらの例は、五感に訴えることの重要性をとてもよく表しています。

❷ 知識や技術がなくても失敗しない環境をつくる

　これを組織の場に置き換えて考えると、組織のメンバーに専門知識がなくても、特殊な技術がなくても、最初から失敗の起きない仕事のやり方と環境が準備されているということになります。このような準備をあらかじめしておくことが、強い組織をつくるためには必要なのです。

　また、このことによって、突然の退職やメンバーの入れ替えなどがあったと

しても、影響を受けることがありません。どのような購入者も配線に失敗しないのと同じように、メンバーが入れ替わったとしても、その職場の仕事のやり方と職場環境はそのまま残りますので、元の水準の組織の強さは必ず担保されることになります。だからこそ、ホンモノの原因をなくして、組織の場を強くすることが、強い組織をつくる上でとても大切なのです。

E. 五感の法則からホンモノの原因を探す着眼点

❶ 能力や努力に頼った識別をさせていないか

　見つかったホンモノの原因をどのようになくすかについては、章を改めて説明します。ここでは、五感の法則を用いてホンモノの原因を探すときの着眼点について説明します。

　大切なことは、人の能力や努力に頼って識別しているところがないかを探すことです。普段は当たり前に思っているので、見過ごすことも多いかもしれませんが、改めてこのように職場を見渡せば、五感へのインプットが弱いことによる失敗原因は驚くほど多く見つかります。

❷ 色、読みやすさ、呼び方などにも注意

　具体的には、表示の見にくいところはないか、文字の読みにくいところはないか、色や形が似ているようなところはないか、などを確認していきます。特に、五感に訴えていない識別場所はリストアップしていく必要があります。

　また、呼び方の定義があいまいなところもチェックしておくべきです。同じものが別の名前で表示されているような場合には、すぐに訂正しなければなりません。小さなことに思えるかもしれませんが、ある人は「会議室A」といい、別の人は「A会議室」というようなことであっても、同じものをさしているならば統一しておかなければなりません。同じものをわざわざ別の名前で呼んだり、表示する習慣がある職場では、それだけで間違いを起こしやすくなっているのです。

❸ 人の感覚に合わせる

　さらに、もう1つ大切なことは、その仕事のやり方が、人の感覚に合っているかということです。たとえば、色を使って男女の区別をする場合には、普通は、男性には青、女性には赤を使います。それがたとえば、「青が女性」「赤が男性」という分け方をしていれば、簡単に間違いが起きてしまいます。多くの人は、「青が男性」で「赤が女性」という思い込みを持っているからです。この思い込みが良いか悪いかは別として、このような思い込みがあるという事実がわかっているならば、その思い込みに従った仕事のやり方に合わせるほうが間違いは少なくなります。

　同じような例は枚挙にいとまがありません。ある職場では、操作のスイッチが操作順に右から左に並んでいるが、別の職場では、左から右に並んでいるということもあります。大小を調節するダイヤルも右回しの場合と左回しの場合があります。水道の蛇口のレバーでさえも、上から下に下げるタイプと下から上に上げるタイプがあります。

❹ 子どもではないと高をくくらない

　筆者がこの取組みを始めたころは、小学生ではないのだからと真面目に取り合わない方もいましたが、やり始めると、すぐに成果が出はじめました。何事も基礎は大切です。基礎があってはじめて、何かを積み上げていくことができるようになるからです。軽んぜずに一歩ずつ前進するようにしてください。少しでも仕事を正確に、速く、上手に行える基礎をつくっていくことが、強い組織をつくる最も確実な近道です。

F. 五感におけるホンモノの原因を探すための処方箋

　以下の4つのポイントに沿って、ホンモノの原因を探してみてください。最初は戸惑うかもしれませんが、すぐに慣れます。慣れれば、ここに掲げたポイントを見ながらでなくても、ホンモノの原因を簡単に見つけられるようになります。最初はゲーム感覚でやってみるのがいいでしょう。

❶ 識別しにくいものを探す

　仕事をやりやすくするために大切なことは、仕事をやりにくくしている原因をなくすことです。過度に集中力や注意力を必要とするような仕事のやり方は、必ず見直す必要があります。

　メンバーの能力や努力に頼らないように、仕事のやり方を改善することが大切です。職場を見渡したときに、識別しにくい、見にくい、間違いやすいなどの原因となるものはないでしょうか。違うものであれば違うものだということが、はっきりとわかるようにしておかなければなりません。

　「識別しにくい原因はないか?」という視点で職場を見渡してみてください。

❷ 外観が似ているものを探す

　前述の識別しにくいものを探すことと同じですが、見た目が似ていて間違いやすいものを探します。特に、用途が違うにもかかわらず、色や形、大きさなどが同じものを使っている場合には注意が必要です。

　違うものとして扱わなければならないものは、ハッキリと違いがわかるようにしておく必要があります。オフィスのレイアウトから備品に至るまで、確実に確認をしていくようにしましょう。

　筆者の経験では、仕事の業務フローを示す図の中に、全く別のものを似た記号で示しているというものもありました。別の職場の人や新たに配属された人が見れば、当然、誤って解釈してしまうものです。職場全体を見渡せば、違いを識別しにくいものは、案外多く潜んでいるはずです。

　「外観が似ていて間違いやすいものはないか?」という視点で職場を見渡してみてください。

❸ 名称からだけでは意味がわからないものを探す

　スイッチ1、スイッチ2……などのように、名称そのものに意味のないものをよく見かけます。特に注意しなければならないものは、その職場にいる人にしか理解できない記号や用語が使われている場合です。毎日これらの操作をするメンバーにとっては、慣れ親しんだ名前かもしれませんが、そうでなければ

まったくわかりません。たいていの場合、操作順に番号がふられているわけでもありません。

　こうしたケースは、一度操作に慣れてしまえば、あとは意識せずにできるようになる仕事に多く見られます。そのため、対策を打たなければ、その仕事をしているメンバーは、これらを改善する必要に気がつきません。しかし、一見して意味がわからないということは、馴れた操作とは別の操作をする際には、間違いを起こしやすいということです。私もこうした会社を今までに何社も見てきましたが、やはり、操作ミスが多く発生していました。

　「名称からだけでは意味がわからないものはないか？」という視点で職場を見渡してみてください。

❹ 持続性のない五感へのインプットを探す

　五感へのインプットが一過性の場合には、せっかく識別できたとしても、すぐに忘れてしまいます。たとえば、目覚まし時計のアラームが鳴っても、無意識に止めてしまえば、気がついたら寝坊してしまったなどということも起きてしまいます。せっかくアラームという強烈な五感へのインプットがあったにもかかわらず、一過性の信号（刺激）だったために失敗につながってしまう例です。

　館内放送による注意喚起なども同じ性質があります。放送が終われば、その内容は忘れられやすいでしょう。

　「持続性のない五感へのインプットはないか？」という視点で職場を見渡してみてください。

【まとめ】　五感の法則からホンモノの原因を探す際の大切な視点
① 識別しにくい原因はないか？
② 外観が似ていて間違いやすいものはないか？
③ 名称からだけでは意味がわからないものはないか？
④ 持続性のない五感へのインプットはないか？

4　「伝達」の法則から ホンモノの原因を探す

情報の正確な受け渡しができない組織では、仕事を正確に行えない

図表10　「伝達」の法則からホンモノの原因を探そう！

「認知」の段階	「判断」の段階	「行動」の段階
1「五感」の法則	4「順序」の法則	7「動作」の法則
2「伝達」の法則	5「中断」の法則	
3「記憶」の法則	6「ルール適用」の法則	

A. 伝達に目を向ける

❶ 伝達とは情報の受け渡しの起こる場所

　伝達とは、相手に何かを伝えることであり、自分が誰かから何かを伝えてもらうことです。相手がいる場合には人と人とのコミュニケーションのことをさしますが、直接の相手がいない場合には、書面などから情報を読み取ることをさします。

　ここでは情報の受け渡しの起こる場所を、すべて伝達と呼ぶことにします。つまり、何らかの情報の受け渡しが行われる場所は、すべて伝達です。口頭でも書面でも、何らかの情報を発信する場所はもちろん、それらを受け取る

場所も伝達です。

❷ 伝達は正確に、速く、上手に

　この伝達が、正確に、速く、上手にできなければ、本当に強い組織にはなり得ません。伝達の場が弱いと、「連絡を受けたがやり忘れてしまった」「連絡の内容を誤って解釈してしまった」「やるべき時刻に仕事を忘れてしまった」などの失敗が起きやすくなります。そのため、伝達においても強い場をつくる必要があります。

B. 伝達に頼っている仕事に要注意！

❶ あうんの呼吸に頼らない

　伝達に頼っている仕事とは、要するに相手の理解力に頼っている仕事のことをいいます。すなわち、「あれをああして」などという、あうんの呼吸は頼りにしてはならないということです。これらは文脈や背景の情報が不足していることによって起きる失敗の典型です。情報を受け取った人がその状況や意味を理解しきれずに、勝手な解釈をしてしまうことが原因です。お互いのコミュニケーションが正確に行えるような強い場がなければ、本当に強い組織をつくることはできません。

　人間のコミュニケーション能力や理解力は、私たちが思うほどには高くないものです。むしろ低いからこそ、その能力を補うために、人間の脳は勝手に文脈を解釈したり、見えない部分を補うなどの能力を身につけて進化したのではないでしょうか。

❷ 脳が行う勝手な解釈

　私たちの普段の会話を録音して聞き返してみると、何の脈絡もない話題が突然飛び出したり、文章ひとつをとっても、そのまま活字にしたら意味の通らないものがあったりします。しかし、それでも会話は成立しているのです。録音を聞いただけでは、なぜこれで会話が成り立つのかと思うような会話であっ

ても、面と向かって話している本人たちにとってはいたって自然なものです。

　これは言葉では不十分な部分や曖昧な部分も、相手の表情やジェスチャーを読み取って脳が勝手に補完してくれるからだといわれています。この脳の能力は大変すばらしいものですが、この処理も完ぺきなものではありません。状況によっては、この能力があるからこそ、失敗につながることもあるのだということを知っておかなければなりません。

❸ 用語や定義を統一する

　また、ある用語について、ある人と別の人とでは連想するものが異なるということもよく起きます。これは異なる職場間でのやり取りなどでは、大変よく起きる失敗です。本人たちは気づかなくても、職場によって用語の定義が微妙に違うことが多いからです。そのため、お互いに情報の受け渡しをする関係にある者同士は、統一した用語や定義が明確な用語を使用する必要があります。

　たとえば、ある職場の例では、「手動」を「しゅどう」とは呼ばずに、「てどう」と呼ぶことにしているそうです。これは「自動」と対比して、自動ではなく手動であることを明確に伝えるために、わざわざ「てどう」と呼ぶことを職場全体で統一しているというのです。これによって、「自動」なのか「手動」なのかを混同してしまうような失敗は起きていないといいます。

C. 伝達に頼って仕事に失敗するケース

❶ 伝える情報と伝わる情報のギャップ

　コミュニケーションにおいては、内容の全体を理解してもらうために、必要な情報を過不足なくすべて相手に伝えることは難しいといえます。本来伝えなければならない情報のほんの一部しか伝えていないことのほうがむしろ多いのではないでしょうか。そのくらいコミュニケーションにおいて、伝えるべき情報と伝わる情報のギャップは大きいものです。

　このようなことは、効率的なコミュニケーションを好むビジネスの現場でこそ、頻繁に起きているのです。

❷ 適切な情報量

「まず結論から述べよ。それに付随する事柄は後から補足せよ」などといわれますが、なぜそこに至ったのかという背景的な情報は、本筋とは関係のない枝葉だと考えられることが多いものです。そのため、ビジネスでの伝達においては、往々にしてこれらの情報が省略されてしまうのです。そのため、その結論に至った本当の経緯を誰も把握していないという状況が生まれてしまうことになります。

受け渡す情報量が少ない場合には、いくら端的に論理的に伝えているとはいっても、情報の受け手による勝手な解釈が入り込む余地が多いといえます。これは伝わったつもりの伝言ゲームに似ています。情報を受け渡す本人たちは正しいと思って伝えていますが、受け渡される情報が制限されているために（たとえば、ジェスチャーだけで伝えたり、絵だけで伝えるなどを想像してみてください！）、情報の受け手にはどうしても勝手な解釈が入ってしまうことになります。誰にも悪意はないとしても、最悪の場合には、間違った仕事をしてしまうことにもつながります。

❸ 口頭による伝達での注意点

また、伝達が口頭の場合には、さらに注意すべきことがあります。それはその情報が一過性のものだということです。話し手が話した内容も、聞き手が伝えられて理解した内容もどこにも正確な記録は残りません。一部を聞き間違えていたり、一部を忘れてしまうということは非常によく起きる失敗です。

D. 伝達を考えた仕事設計

昨今の電子機器のマニュアルなどは非常によくできています。誰が見ても誤解がないように簡潔な文章と図解でわかりやすい説明がなされています。1つの見開きで1つの説明が完結していることも多く、大変親切な作りだといえます。さらに誤解を減らすために、操作方法が動画や音声で解説されているものも登場しています。これらは、仕事をわかりやすく、やりやすくする、とい

う組織の強い場をつくる上では、大変参考になる対策の取り方です。

　たとえば、最近の調理機器の中には、音声で操作方法や調理方法をガイドしてくれるものも登場しています。その指示どおりにボタンを押せば、最適な状態で調理ができ上がるというものです。操作中に誤った操作をしても、本当にその操作でよいのか、ガイド中の操作と違うが大丈夫かなどということまで確認してくれるようになっています。

　裏を返せば、相手に正確に情報を伝えるということは、私たちが想像しているよりもはるかに難しいということなのです。ここまでしなければ誤解を生じずに相手に情報を伝えることはできません（実際は、ここまでしても誤解が生じることは多々あります……）。

E.　伝達の法則からホンモノの原因を探す着眼点

❶ 情報伝達の特性

　情報の伝達（受け渡し）には、以下の特性があることをしっかりと認識しておく必要があります。

① 仕事に必要な文脈（背景となる情報など）を十分に伝えなければ、誤解が生じやすい。また、情報の受け手が勝手な解釈をする余地が大きくなる。

② 情報の伝達は、窓口が一本化していないと、誤解が生じやすい。情報の渡し手が複数いる場合には、同じ内容を伝えたと思っていても、同じ内容が伝わっているとは限らない。

③ 情報の確認には、「場所」と「時間」が確保されている必要がある。正しく情報が伝達されているかどうかを確認するためには、その確認のための時間と場所をしっかり確保しなければ、誤解を生じる可能性が高まる。

④ 過多な情報を受け取った場合には、情報の簡略化や取捨選択が行われやすくなる。受け渡す情報が一定量を超えると、受け手が情報の枝葉を切り捨てたり、要約するなどの（無意識の）操作が行われてしまう可能性が高まる。

❷ アクセスのしやすさが大事

　さらに、情報の受け手が、自分で情報にアクセスしなければならない場合には、情報を受け取る側にとっては、仕事のやりにくさの原因となってしまいます。そのため、なるべく簡単に情報にアクセスできるように職場を改善しておかなければ、情報の受け取り忘れなどの失敗が起きやすくなります。具体的には、参照する必要がある情報が分散していたり、その情報が必要なときにすぐに取り出せなかったり、その情報がしまってある場所が遠くにあるなどは、なくさなければならないホンモノの原因です。

　また、情報のやり取りをする相手がいる場合には、相手との連絡のしやすさ（すぐに連絡がつながる、すぐに応答が得られるなど）も確認しておく必要があります。相手が複数の場合には、全員に対して確実に情報を受け渡せる状態になっているかも確認する必要があるでしょう。電子メールを使った情報の受け渡しにはタイムリーさがなくなりやすく（すぐに相手が確認してくれるかどうかがわからないため）、電話を使った情報の受け渡しでは、受話器を持った相手としか情報を受け渡すことができないなどの制約があることも理解していなければなりません。この場合には、全員で一斉に話すことができる通話機能が備わっているか、緊急の場合には館内放送が使えるかなども確認しておくといいでしょう。

❸ 伝達様式・用語を統一する

　一方、日常的に繰り返す情報の受け渡しでは、伝達の様式が統一されていることがとても重要です。これは必ずしも簡潔さを要求するものではありません。むしろ伝達様式を統一することで、多少の情報過多も許容できるようにすることが目的です。なぜならば、伝達様式が決まっていなければ効率的に必要最小限の情報を受け渡そうというインセンティブが生まれることになりますが、背景にある情報も含めて過不足なく相手に伝えられる様式をあらかじめ決めておくことで、多少冗長であったとしても、この様式に沿った情報の受け渡しをすることができるようになるからです。

　情報の受け渡しの様式を決めるということは、何をどのような順番で伝える

かということをあらかじめ決めているということです。そのため、受け手にとっては、次に何の情報が来るかが事前にわかるため、落ち着いて相手からの情報を受け取ることができるようになります。情報を受け渡す側も、あらかじめ受け渡す様式が決まっていれば、その様式に沿って受け渡すだけのため、受け渡し漏れをなくすことができます。

また、その順番で情報を伝えることが決まっていれば、かつては無駄だと切り捨てていたような情報であったとしても、その情報をきちんと伝えることができるように変わります。何よりも、その都度どのように相手に伝えるべきかと思い悩む必要がなくなるのです。

さらに、ここであえて付け加えるとすれば、五感についての説明でもいいましたが、用語の統一は大切です。同じことを伝える場合でも、AさんとBさんでは別の言い方をする、C職場ではもっと別の言い方をするというのでは、組織の場が強いことにはなりません。

F. 伝達におけるホンモノの原因を探すための処方箋

強い組織の「場」をつくるためには、伝達に潜むホンモノの原因を探す必要があります。情報の伝達は、組織の生命線ともいえます。いかに、速く、正確に、情報の伝達ができるようになるかが大切な視点です。以下のポイントに沿って、「ホンモノの原因」を探してみてください。

❶ 聞き違えやすい言葉や統一されていない用語を探す

日常会話であれば、自分の好みの言葉で話すのもいいでしょうが、ビジネスの現場においては、なるべく使用する用語は統一するべきです。日頃の仕事上のコミュニケーションを点検することで、同じものを別の言い方で伝えているようなものがないかを探してください。同じものを、わざわざ別の呼び方や別の言い回しで言う必要性はどこにもありません。これを改めるだけでも、仕事のわかりやすさと、やりやすさは大きく改善します。まったく同じ意味のものを別の言い方で伝えているにもかかわらず、ひとたび誤解が生じると、相手

の理解力不足が原因だという声をよく聞きます。誤解の生じやすい言葉は、そもそもビジネスの常識として使ってはなりません。

「聞き違えやすい言葉や統一されていない用語はないか?」という視点で職場を見渡してみてください。

❷ 十分な文脈で伝達していない仕事を探す

仕事上のコミュニケーションでは、必要十分な背景や文脈が伝えられないケースが多くあります。このような情報の伝達をしている組織においては、所属するメンバーの理解力や対応力に頼ることで、問題を何とか切り抜けているというのが実態です。このようなやり方を続けていたのでは、いつまでたっても本当に強い組織にはなりません。

特に、正確な情報の受け渡しを必要とする場面においては、本当に必要な情報が十分に受け渡されているのかどうかを確認する必要があります。職場のメンバーに聞いてみると、実はよくわからないこともある、わからないとはなかなか言い出しにくい、などの声が案外多く聞かれるものです。

「全体の状況を把握するために、十分な文脈で伝達をしていない仕事はないか?」という視点で職場を見渡してみてください。

❸ 情報が伝達されにくい環境や状況を探す

そもそも、情報の伝達がされにくい職場環境というものがあります。組織の中に、情報の受け渡しをしにくくする障壁があることが原因です。そのような場合には、この障壁を見つけて取り除かなければ、情報の伝達を円滑にすることはできません。

たとえば、情報の連携を密にする必要のあるメンバー同士が、遠く離れた場所で仕事をしているということもあります。また、緊急時にはすぐに連絡を取り合わなければならないメンバーが、職場の固定電話以外に連絡手段がないということもあります。これでは、相手が離席していたら、必要なときに連絡を取ることができません。

このように「ホンモノの原因」があると、最悪の場合には、大事故にもつ

ながってしまいます。情報の伝達をしにくくしている障壁はないかを探すことは、強い組織をつくる上では大切なことです。

「情報の伝達をしにくくしている環境や状況はないか？」という視点で職場を見渡してみてください。

❹ 伝達内容に誤解が生じる可能性のある仕事を探す

一見するとうまくいっている仕事でも、中には、お互いに不信感を抱きながら仕事をしているということもあります。とりあえず、結果に間違いはないから許容しているだけで、お互いの認識に違いがあることをメンバー同士がすでに認識していることさえあるのです。

今は問題なく仕事が進んでいるからといって、このような状況を放置しておいていいはずがありません。仕事を進める上で、誤解が生じているかもしれない仕事を探し出すことも、強い組織づくりの大切な視点です。

「伝達内容に誤解が生じる可能性のある仕事はないか？」という視点で職場を見渡してみてください。

❺ 引継ぎの仕方や指導方法がわからない仕事を探す

仕事には自ら学び取るものだけではなく、先輩社員や同僚などから伝承されるものもあります。いわゆるOJT（On the Job Training）などもその1つでしょう。自分より詳しい社員と一緒に仕事をしながら、仕事を覚えていくということも多いのではないでしょうか。

しかし、実はこの後輩指導なども強い組織をつくる上では盲点となりやすいものです。なぜならば、OJTなどでは、教える側の社員のスキルに依存してしまう側面が大きいからです。仕事は一流であっても、教えるのは下手だという人もいます。逆に、仕事はそこそこであっても、教えるのはとてもうまいという人もいます。

強い組織をつくる上では、指導方法も統一をしておくべきものです。誰がやっても同じ手順で最も効果の高い方法で社員指導ができるようにするのです。

このことは、仕事の引継ぎなどでも同じことがいえます。日勤と夜勤の交代

勤務での引継ぎや、職場を異動する際の引継ぎなど、当事者の能力や善意に頼って行っていないでしょうか。どのような手順で何を伝えるのかをしっかりと決めておくことで、誰がやっても確実に行える引継ぎ方法を準備しておくことが必要です。

「引継ぎの仕方や指導方法がわからない仕事はないか?」という視点で職場を見渡してみてください。

【まとめ】　伝達の法則からホンモノの原因を探す際の大切な視点
① 聞き違えやすい言葉や統一されていない用語はないか?
② 全体の状況を把握するために十分な文脈で伝達をしていない仕事はないか?
③ 情報が伝達されにくい環境や状況はないか?
④ 伝達内容に誤解が生じるかもしれない仕事はないか?
⑤ 引継ぎの仕方や指導方法がわからない仕事はないか?

[5 「記憶」の法則から ホンモノの原因を探す]

記憶力に頼った仕事をしている限り、
必ずやり忘れが生じる

図表11 「記憶」の法則からホンモノの原因を探そう!

「認知」の段階	「判断」の段階	「行動」の段階
1「五感」の法則	4「順序」の法則	
2「伝達」の法則	5「中断」の法則	7「動作」の法則
3「記憶」の法則	6「ルール適用」の法則	

A. 記憶の種類

　記憶とは、過去の経験を頭の中に残していることをいいます。また、必要に応じてその内容を引き出したり、使ったりできることをいいます。皆さんも、暗記や一夜漬けなどさまざまな記憶にまつわる経験を持っていることでしょう。

　記憶には、感覚記憶、短期記憶、長期記憶があるといわれています（さまざまな学説があるので、その中の1つと思ってください）。

　感覚記憶とは、インプットと忘却がほぼ同時に起こるようなきわめて短い記憶のことです。身近な例では、遊園地の人ごみの中を通過中に、たまたま目に入った人の顔の記憶などがこれにあたります。通り過ぎた後はほぼ思い出

ことができない、きわめて短い時間の記憶です。

　短期記憶とは、聞いた電話番号を数秒以内にかけるといった場合に使う記憶です。数字であれば、通常は7ケタ程度しか覚えられないといわれています。

　長期記憶とは、短期記憶の一部が長期的に思い出せる状態になったものをいいます。たとえば子供の頃に住んでいた住所を今でもいえるというのは、これにあたります。

B. 人間の記憶力は弱いことを知る

❶ 記憶の錯覚

　はじめて経験したことであるはずなのに、以前にも同じことがあったような気がする、という経験を読者もしたことがあるのではないでしょうか。これはデジャブといわれるよく知られた現象です。これは記憶の錯覚の1つだといわれています。本当は過去にそのような経験をしたことはないはずなのに、経験したことがあると思ってしまう状態です。

　歴史の年号を暗記するなどの場合には、忘れたり、間違った記憶を引き出したりすることがあることはよく理解できることと思います。しかし、過去に経験した出来事については、それがあったのかなかったのかくらいは当然覚えていると思っている読者も多いのではないでしょうか。しかし、実は、それさえも曖昧なことがあるのです。

❷ エビングハウスの忘却曲線

　記憶は頼りにならないという例を、もう1つ紹介します。ヘルマン・エビングハウス（1850〜1909）というドイツの心理学者が、被験者に「子音・母音・子音」の意味のない3文字綴り（「MUY」「DOV」のようなもの）を暗記させ、一定時間経過後にどの程度思い出せるかを実験した結果があります。これは「エビングハウスの忘却曲線」としてよく知られていますが、学習直後にはほぼ100%記憶しているのに対して、時間の経過とともにその記憶は急速に失われ、20分後には記憶した内容の約半分が失われてしまうという驚くべき

結果を示しています。

そのため、仕事上での連絡事項や注意事項をうっかり忘れてしまうなどの失敗は、この記憶の曖昧性によって引き起こされている場合が多いのです。

具体的には、「やり忘れてしまった」「ほかに気を取られてしまった」「自分ではやったと思っていた」などの失敗です。これらが生じているうちは、いくら小手先の組織力強化の対策を講じても、決して強い組織をつくることはできません。

C. 記憶に頼っている仕事に要注意！

❶ 人間の記憶は曖昧

記憶に頼っている仕事とは、ある記憶を正確に引き出せないと、正しい作業ができない仕事のことです。人間の記憶が曖昧であるために、人は簡単に勘違いをし、物忘れをしてしまいます。このことをしっかりと受け止めて、記憶にまつわるホンモノの原因を探し出し、あらかじめ対策を打たなければなりません。メンバーの記憶に頼らない「強い場」をつくることで、より仕事をやりやすくし、正確に、速く、上手に仕事を行えるように改善していくのです。

❷ 覚えていなければできない仕事に要注意

「記憶」にまつわる失敗の中で、特に多いものは、覚えていなければできない仕事です。記憶したことがすぐに引き出せない、覚えていたはずなのに今は出てこない、などの経験は誰でもしたことがあるでしょう。仮に、これが時間に追われた重要な局面で起きてしまったとしたらどうでしょうか。普通の人には落ち着いて思い出すのを待つというような余裕は到底持つことはできません。このようなことが原因で大きな事故につながってしまった例が後を絶ちません。今確実に実行しなければならないのに思い出せない、数秒前までは覚えていたはずなのに思い出せない、記憶をたどるためのきっかけとなるようなものさえも思いつかないなど、このような状況に陥ってしまうと、人は追いつめられて正確な判断ができなくなってしまうものです。

このように、覚えていなければできない仕事は、ある時には致命的となることがあります。内容を1つ忘れただけで、正しい作業を完了することができなくなってしまうからです。中にはすべての作業工程を覚えてしまうほうが効率的な仕事も確かにありますが、できる限り覚えていなければできないような仕事は、なくしていかなければなりません。

D. 記憶に頼って仕事に失敗するケース

❶ 記憶は20分が限界

記憶に頼っているために起きる失敗は非常に多いものです。仕事上のことに限らず、日常生活でもきわめて多いことに気づくことでしょう。人の記憶は、その場で覚えたことの約半分が、たったの20分で失われるといわれているのです。

その場で覚えた内容を記憶して作業する必要がある場合には、可能な限り20分以内に作業をすることを原則とするべきです。何かを20分以上記憶していなければできないような仕事は、読者の身の回りにないでしょうか。何時になったら××をしてくださいという依頼も、20分以上先の仕事であれば注意が必要です。その時間になったら必ず思い出せる工夫をしなければなりません。たとえば、その時間になったらアラームを鳴らすなども、簡単ですが大きな効果のある方法です。

❷ 記憶に頼るといずれ失敗する

日常生活でも記憶の曖昧さを実感することは多いのではないでしょうか。たとえば、家を出る前にストーブを消したかどうか覚えていない、消そうとしたことは覚えているが本当に消したのか、それとも消したのは想像の中だけだったのか、消したのは過去のことで今日は消していないのではないか、などの経験をしたことがあるのではないでしょうか。

「記憶」に頼った仕事をしている場合には、多かれ少なかれ必ずこのような失敗につながる可能性があります。それゆえに、組織の強い場をつくるために

は、「記憶」の視点についても、確実に対策を講じなければなりません。

E. 記憶を考えた仕事の設計

❶ 記憶に頼らない仕事のやり方

　先の法則でも触れましたが、最近の家電製品は、徹底して購入者の立場に立った設計がなされています。これにより、購入者の利便性を高めているのです。このような考え方は、組織づくりにおいても、どのように仕事を設計すればメンバーにわかりやすくなるのかについて、大切な視点を与えてくれます。

　家電の中にも、記憶による失敗を起こさないように配慮されたものが数多くあります。昔は記憶していなければならなかったものでも、今は記憶に頼らずに済むように設計されているのです。そのため、以前と比べて、購入者の利便性が高まるとともに、以前はよく起きていた失敗も、今はほとんど起きることがなくなっています。

　たとえば、お湯を沸かしたければ、昔はやかんを火にかけて沸騰するまで待つしかありませんでした。待っている時間を有効に使いたければ、同時並行で別のことをしなければなりませんから、うっかりやかんを火にかけていることを忘れてしまった、気がついたらすべて蒸発してしまっていた、などの失敗もよく起きていたのです。やかんでお湯を沸かすくらいならば笑い話で済みますが、同じ原因で火災が発生したり、事故が起きたり、爆発が起きたりと、記憶にまつわる失敗事例は枚挙にいとまがありません。

❷ 忘れても失敗しない仕事の設計

　最近では、沸騰したら自動で火を消してくれる機能もあります。これはやかんを火にかけていることを忘れてしまったとしても、安全にお湯を沸かすことができる仕組みです。同じようなものとして、沸騰したら音で教えてくれる電気ポットなどもあります。こちらは、火を消すという操作そのものが必要ないため、電源さえ間違えなく入れることができれば、誰でも間違いなくお湯を沸かすことができます。

また、携帯電話のアプリケーションにも、時間になったら予定を表示してくれる機能や、アラームで知らせてくれる機能などが充実しています。これらも人間の記憶の弱い部分を補完するように設計されたものといえます。

F. 記憶の法則からホンモノの原因を探す着眼点

❶ 記憶に頼っている仕事は多くある

　記憶に頼っている部分を探す着眼点は、記憶していなければできない仕事はないか、記憶していなければならない時間が長い仕事はないか、ということです。

　記憶に頼っている仕事は案外多いものですが、なかなかこのような視点で仕事を見直す機会はなかったのではないでしょうか。そのため、身の回りに多くあるホンモノの原因に、なかなか気づくことができません。だからこそ、7つの法則によって、強制的に確認をしていくことに意味があります。

　先に触れたように、人の記憶力は弱いものなので、覚えていなければできない仕事はできる限り減らさなければなりません。

　たとえば、×月×日にこれをやってください、というような仕事の依頼をする場合にも注意が必要です。その依頼を受けた側に、記憶に頼らないで仕事をする仕組みがなければ、簡単にやり忘れが生じてしまうからです。また、いつもとは違う経路で営業の巡回をしなければならないというような場合にも注意が必要です。いつもと同じであれば記憶に頼っても大きな間違いはしにくいものですが、日常とは違う行動を取る場合には、記憶に頼った仕事の仕方では、簡単に失敗につながってしまうからです。

❷ プロのベテランでもあてにならない

　余談になりますが、ベテランのタクシードライバーに行き先を告げると、頭の中で、目的地までの順路の記憶が引き出されるといいます。過去の経験から、その時間帯の道路の混み具合や抜け道などの記憶も、併せて呼び覚まされるといいます。それではこの記憶は本当に正しいものなのでしょうか。

実はそうでもないそうなのです。たとえ間違った記憶に基づいて混んだ抜け道に行ってしまったとしても、「この抜け道も混んでいますねー」などと言えば、お客さんが勝手に普通の道を行ったらもっと混んでいたのかと解釈してくれるのだそうです。最近はカーナビも進化していますから、ドライバーの記憶だけに頼ることは少なくなっていますが、これもできる限り記憶に頼らない仕事に変える対策の1つです。

G. 記憶におけるホンモノの原因を探すための処方箋

強い組織の場をつくるためには、記憶に潜んでいるホンモノの原因を探し出す必要があります。人間の記憶の能力はとても弱いものですから、この能力に頼った仕事のやり方をしている場合には失敗を起こしやすいといえます。いかに人間の記憶能力に頼らずに行える仕事のやり方にするかが大切です。以下のポイントに沿って、ホンモノの原因を探してみてください。

❶ 情報量が多すぎて覚えきれない仕事を探す

仕事の内容や職種にもよりますが、膨大な情報に囲まれてしまい、そのすべてを記憶していなければできないという仕事も存在します。そのような仕事は、メンバーの能力に過度に頼っていることになるため、できる限り仕事のやり方を改める必要があります。

たとえば、100種類以上の商品名とその取引先を覚えていなければ仕事にならないというような仕事は、覚えていなくてもできる仕事のやり方に改めなければなりません。

「情報量が多すぎて覚えきれない（または把握しきれない）仕事はないか？」という視点で職場を見渡してみてください。

❷ 開始時刻や内容を忘れてしまいやすい仕事を探す

仕事の期日や納期が決まっている場合には、その期日を確実に把握できるようになっていなければなりません。いくら正確に、速く、上手に仕事ができ

たとしても、期日に間に合わなければ、その仕事はしなかったことと同じです。

特に、仕事のやり忘れは、取引相手がある場合には致命的となります。どの仕事をいつから始め、いつまでに終わらせなければならないのかがわかりにくい仕事がある場合には、すぐにそのやり方を改めなければなりません。

分担表に記載してあるから、スケジュール帳に記入してあるから、メールで依頼してあるからなどというのでは、まだまだ不十分です。これでは、メンバーが注意をしていない限り、仕事のやり忘れが起きる可能性があります。

具体的には、メンバー間で行う仕事の引継ぎや交代勤務の連絡書などは、やり忘れが多い仕事として、しっかりとその仕事のやり方を確認しておかなければなりません。

「作業時刻や内容を忘れてしまいやすい仕事はないか?」という視点で職場を見渡してみてください。

❸ 必要な情報が分散していて確認するのに時間がかかる仕事を探す

仕事を正確に、速く、上手にこなす上では、その仕事に必要な情報に、簡単にアクセスできるようになっていなければなりません。

極端なケースをあげれば、ある仕事を間違いのないように完了するためには、隣の建物に保管されている書類を確認しに行かなければならないなどということもあります。これでは、必要な情報を把握するためのハードルが高すぎます。同じように、ある仕事をするために必要な情報が、バラバラの場所に保管されているという場合にも、必要な情報を把握するためのハードルは高くなります。これらは仕事をやりにくくする根本的な原因です。このようなハードルのある仕事はないかを確認することが大切です。

「必要な情報が分散していて、確認するのに時間がかかる仕事はないか?」という視点で職場を見渡してみてください。

❹ 20分以上覚えていないとできない仕事を探す

先のヘルマン・エビングハウスの例からもわかりますが、人間の短期の記憶力はとても弱いものです。その場で覚えたものは、たったの20分で約半分が

失われてしまいます。そのため、長期記憶で記憶されている知識を用いて仕事をする場合は別として、短期的に覚えた記憶をもとに行わなければならない仕事は、必ず対策を講じる必要があります。

たとえば、「今日の午後に××をしてください」「××という作業が完了したら××してください」というような仕事がこれにあたります。

「20分以上覚えていないとできない仕事はないか?」という視点で職場を見渡してみてください。

【まとめ】 記憶の法則からホンモノの原因を探す際の大切な視点
① 情報量が多すぎて覚えきれない(または把握しきれない)仕事はないか?
② 作業時刻や内容を忘れやすい仕事はないか?
③ 必要な情報が分散していて、確認するのに時間がかかる仕事はないか?
④ 20分以上覚えていないとできない仕事はないか?

6 「順序」の法則から ホンモノの原因を探す

仕事をする順序によって、仕事の生産性に違いが生じる

図表12 「順序」の法則からホンモノの原因を探そう！

「認知」の段階	「判断」の段階	「行動」の段階
1「五感」の法則	4「順序」の法則	
2「伝達」の法則	5「中断」の法則	7「動作」の法則
3「記憶」の法則	6「ルール適用」の法則	

A. 順序に目を向ける

　順序とは、仕事を行う順序や手順のことをいいます。どのような順序で仕事を行うかという作業の並び順のことをさします。特に注意が必要なのは、大きな仕事と小さな仕事が組み合わさった仕事の手順です。

　（主要となる）大きな作業の前後で行うサブ的な小さな仕事は忘れられやすく、失敗の原因となりやすいことが知られています。

　大きな仕事に比べて、小さなサブ的な仕事は、やり忘れなどの失敗が起きやすいということです。人間は複数の物事に対しては同時に注意を向けにくいことが原因です。すなわち、作業者の注意が大きな仕事のほうに集中してしまう

ために、サブ的な仕事にまでは注意が向かないために、失敗につながってしまうのです。

B. なぜ順序で失敗しやすいのか

　主要な作業の直後に小さなサブ作業があるような場合には、注意力が長続きしないことによって、後でやるべきサブ的な作業をやり忘れてしまうという失敗が起きやすくなります。同じように、注意力には選択性と方向性があるために、複数の作業に等しく注意を向けることができません。どれか1つに注意が集中してしまうために失敗が起きやすくなってしまいます。

　一般に、人間の注意力には、以下の性質があることが知られています。

① 長続きしない……長時間にわたって注意力を維持することはむずかしい。
② 選択性がある……同時に複数に等しく注意を向けることはむずかしく、普通は注意を向ける対象に対して濃淡が生まれる。
③ 方向性がある……注意は特定の方向に向かいやすい。360度等しく注意を向けることはむずかしい。
④ 集中性がある……ある一点に注意を向けているときには、他の対象に対しては注意が散漫になりやすい。

C. 順序の法則からホンモノの原因を探す着眼点

　順序の視点では、作業をする順番や手順において、仕事をわかりにくくしている原因や、やりにくくしている原因がないかを探すことが大切です。

　この順序で仕事をした場合に、やり忘れをすることはないか、この仕事を先にやったほうが（または、後にやったほうが）やり忘れがなくなるのではないか、このスケジュールの組み方では仕事がやりにくいのではないか、などの視点で仕事全体を見直すことが大切です。メンバーが注意していなければできないような仕事のやり方がある場合には、必ず改めなければなりません。

D. 順序におけるホンモノの原因を探すための処方箋

　強い組織の「場」をつくるためには、順序に潜むホンモノの原因を探し出すことが必要です。私たちの生活のほとんどは仕事と仕事の連続といえます。そのため、ここに何らかの障害がある場合には、組織の強さにはっきりとした違いが表れます。
　以下のポイントに沿って、ホンモノの原因を探してみてください。

❶ 主要な仕事以外の忘れやすい仕事を探す

　主要な仕事の後にサブ的な仕事をしなければならない場合には、一般的に、サブ的な仕事は忘れられやすいといえます。そのため、仕事全体のプロセスを見渡したときに、サブ作業が忘れられやすいような仕事の組み合わせはないかを探すことが大切です。
　主要な仕事はそれだけメンバーの印象に残りやすく、インパクトも強いため、決められた手順どおりにやっていれば、あまり大きな失敗につながることはありません。むしろ小さなサブ的な仕事にこそ、やり忘れ、やり間違いといった失敗が多発してしまいます。
　日頃の仕事の中で、特に忘れられやすい仕事はないか、特に主要な作業の前後にある小さなサブ的な仕事はないかを探すことが大切です。
　「主要な仕事以外の忘れやすい仕事はないか？」という視点で職場を見渡してみてください。

❷ 特に、主要な仕事の直前・直後に別の仕事があるものを探す

　主要な仕事のほうがインパクトは強く、サブ作業に比べて、やり忘れたり、やり間違えたりすることが少ないことは前述のとおりです。では、サブ的な小さな仕事を主要な仕事の前にやるようにすればよいかというと、必ずしもそうとは限りません。または、そのような順序では仕事そのものが成り立たなくなるということもあります。
　主要な仕事の前後、特に直前と直後にサブ的な仕事がある場合には注意す

る必要があります。これらにしっかりとした対策を取っていれば、誰がやっても、正確に、速く、上手に仕事ができる組織の「場」へと変革していくことができるからです。

「特に、主要な仕事の直前・直後に別の仕事があるものはないか？」という視点で職場を見渡してみてください。

❸ 複数の作業を同時にしなければならない仕事を探す

人は1つの物事に集中しているときのほうが、そのものごとを正確に、速く、上手に行うことができる可能性が高まります。逆に、複数のものに注意が分散しているときには、間違いをしてしまう可能性が高まります。

そのため、同時並行で行わなければならない仕事や、同時に複数の仕事を処理しなければならない仕事を探す必要があります。

「複数の作業を同時にしなければならない仕事はないか？」という視点で職場を見渡してみてください。

【まとめ】 順序の法則からホンモノの原因を探す際の大切な視点
① 主要な仕事以外の忘れやすい仕事はないか？
② 特に、主要な仕事の直前・直後に別の仕事があるものはないか？
③ 複数の作業を同時にしなければならない仕事はないか？

7 「中断」の法則から ホンモノの原因を探す

仕事を途中で中断した場合には、中断しなかった場合よりも失敗が起きやすい

図表13　「中断」の法則からホンモノの原因を探そう！

「認知」の段階	「判断」の段階	「行動」の段階
1「五感」の法則	4「順序」の法則	
2「伝達」の法則	**5「中断」の法則**	7「動作」の法則
3「記憶」の法則	6「ルール適用」の法則	

A. 中断に目を向ける

　中断とは、ある仕事の途中で、一時的に仕事を中断することをいいます。日常生活でも、この中断は頻繁に起きています。ある重要な仕事の途中で緊急事態があってやむを得ず中断したというような大きなものから、考え事をしている途中でつい別のことを考えてしまったというような小さなものまで、すべて中断です。

　大小を問わなければ、すべての仕事は中断の連続といえます。その中でも特に、仕事をわかりにくくしてしまう中断や、仕事をやりにくくしてしまう中断を探すことが大切です。

B. なぜ中断で失敗しやすいのか

❶ 原因は中断した箇所を忘れてしまうこと

　中断で注意しなければならないのは、一度中断した仕事に戻るときに、中断した箇所から正確に仕事を再開できるようになっているかということです。中断による失敗の多くは、どこで仕事を中断したのかがわからないことが原因で起こっています。どこで仕事を中断したのかを正確に記録していないために、仕事は再開したものの、あるステップを飛ばしてしまったというようなことがよく起きます。同じように、すでに完了している作業をもう一度やってしまったなどということも多く起きています。このような状況では、仕事を正確に、速く、上手に行うことなどできません。

　たとえば、料理の調味料を入れている途中で電話に出て、電話が終わったときにはすべての調味料を入れ終わっていると勘違いをしてしまったというような失敗もよく聞きます。必要な調味料が入っていないことには気づくことができないために、最後まで料理をつくり続けてしまうことになるのです。大切な文書を書いている途中で一度中断し、大切な一文を後で入れようと思っていたのに入れ忘れてしまった、または入れたつもりでそのまま送ってしまったなどということもよく耳にする失敗です。

❷ 日常的行為に潜むホンモノの原因

　これらが笑い話で済むかどうかは、あくまでも結果論です。ほとんどのケースでは、深刻な失敗につながるホンモノの原因と共通しています。仕事を一度中断するということはきわめて日常的な行為ですが、それが原因で起きる失敗には取返しのつかないものも数多くあります。そのため、あらかじめ確実な対策をとっておくことが、強い組織をつくる上では大切なのです。

C. 中断の法則からホンモノの原因を探す着眼点

　中断による仕事のわかりにくさ、やりにくさの原因は、仕事を中断した箇所

に正確に戻れないことにあります。そのため、その仕事を中断した場合に、ちゃんと中断した箇所に正確に戻れるかを確認することが大切です。

仕事を中断した場所に目印をつけられるようになっているか、仕事を中断した場所を記録できるようになっているか、仕事を中断したら視覚的に周囲に知らせる仕組みになっているか、などを確認していくことになります。

D. 中断におけるホンモノの原因を探すための処方箋

強い組織の「場」をつくるためには、「中断」に潜む「ホンモノの原因」を探し出す必要があります。私たちの生活のほとんどは中断の連続であるといえます。それゆえに、この「中断」部分に何らかの障害がある場合には、組織の強さにも明確な違いが表れます。

以下のポイントに沿って、「ホンモノの原因」を探してみてください。

❶ 本来中断されては困る仕事であるにもかかわらず、中断されている仕事を探す

呼鈴や電話、騒音などによって中断される可能性のある仕事は無数にあると思われますが、その中に、本来中断されては困るという仕事はないでしょうか。中断されては困るにもかかわらず、中断される可能性があるままの状態で何も対策が取られていないというケースがほとんどです。

ここでは、中断されることを当たり前のことだと考えずに、中断されては困る仕事をリストアップしてみることをお勧めします。

「本来中断されては困る仕事であるにもかかわらず中断されている仕事はないか?」という視点で職場を見渡してみてください。

❷ 仕事を中断したときに、中断した箇所がすぐにわからない仕事を探す

仕事を中断されないようにすることができれば、そもそも仕事を中断したときの対策など必要ありません。しかし、残念なことに、このような「真の対策」を実行できる仕事は、ごく一部に限られてしまうことでしょう。

この場合には、何らかの事情によって仕事を中断されたとしても、正確に中断した箇所に戻ることができるようにしておくことが必要です。そのためには、仕事を中断したときに、どこで中断したのかがわかりにくい仕事を、1つひとつ確認していく必要があります。
　「仕事を中断したときに、中断した箇所がすぐにわからない仕事はないか？」という視点で職場を見渡してみてください。

【まとめ】　中断の法則からホンモノの原因を探す際の大切な視点
① 本来中断されては困る仕事であるにもかかわらず中断されている仕事はないか？
② 仕事を中断したときに、中断した箇所がすぐにわからない仕事はないか？

8 「ルール適用」の法則から ホンモノの原因を探す

ルールが正しく守られていない組織では、組織力が低下していく

図表13 「ルール適用」の法則からホンモノの原因を探そう！

「認知」の段階	「判断」の段階	「行動」の段階
1「五感」の法則	4「順序」の法則	
2「伝達」の法則	5「中断」の法則	7「動作」の法則
3「記憶」の法則	6「ルール適用」の法則	

A. ルール適用に目を向ける

　ルール適用とは、何らかの仕事をするときに、従わなければならない規則に従うことをいいます。そのため、正しいルールに則って仕事をしているかどうかということが大切です。

　ルールが決まっているのであれば、そのルールに従って仕事をするのは当然のことです。しかし、現実には、ルールに従わない仕事のやり方をしていることも多くあるのではないでしょうか。その理由の多くは、そもそもルールがあることを知らない、ルールがたくさんあってどのルールに従えばいいのかわからない、ルールがあることは知っているがその内容は知らないなどというもの

です。

　特に、仕事内容が複雑になるにつれて、ルールも複雑になってしまうことがあります。そのために、ルールをつくった意図に反して、逆に、仕事がわかりにくく、やりにくい職場になってしまっているということがよくあります。

B. なぜルール適用で失敗しやすいのか

❶ ルールを調べやすくする

　ルール適用で失敗が起きやすいのは、先に述べたとおり、ルールがよくわからないということがあるからです。

　よくあるのは、何らかのルールはありそうだが、はっきりとは知らないという曖昧なケースです。仕事をするメンバーも、このような仕事をするのだからきっとルールはあるはずだということは理解していますが、そのルールが一体どこにあるのかは知らないという場合です。

　それゆえに、迅速に仕事をこなすためにもやむを得ず、経験則や良心に従って、ルールを知らないまま仕事を続けてしまうということが起きてしまいます。少なくともルールがどこにあり、どこを見ればそのルールがわかるのかを知っていれば、このような失敗の大部分は防げるはずです。

❷ ルールを確認し合う機会を持つ

　ルール適用の法則で、もう1つ気をつけなければならないのが、意図的なルール違反です。これはルールを知らないのではなく、知っていながら従わないというケースです。日常的に繰り返されるルール違反は、誰が見ても一目瞭然です。これはルールのほうに問題があることもあるので、ルール自体の見直しも含めた対策が必要になります。いずれにしても、すぐにルールに従っていないことをお互いに確認し、正しいルールを改めて知らせる必要があります。

❸ ルールの遵守に一貫性を持たせる

　特に気をつけて観察しなければならないのは、一見するとルールが守られて

いるように見える場合です。普段はなんとなくルールらしきものに従ってはいるのですが、実際にはルールに従うことがメンバーの利害とたまたま一致しているだけであるというケースです。

そのため、忙しくなったり、疲れてきたときには、ルールが公然と破られていることもあります。ルールが正しく一貫して守られているかどうかを確認することも必要になります。

C. ルール適用の法則からホンモノの原因を探す着眼点

ルール適用における仕事のわかりにくさや仕事のやりにくさを探すためには、以下を確認することが必要です。

関係するメンバーに対してルールを確実に知らせるようになっているか、常にルールが確認できるようになっているか、ルールが複数存在していないか、ルールとルールの間で錯誤は生じていないか、などです。

一見してルールが正しく守られているように見える仕事でも、本当に一貫してルールが正しく守られているかどうかを見きわめることも大切です。

D. ルール適用におけるホンモノの原因を探すための処方箋

強い組織の「場」をつくるためには、ルール適用に潜むホンモノの原因を探し出す必要があります。私たちは必ず何らかのルールの中で生きています。そのため、その正しいルールに従って行動できているのかどうかは、組織を強くする上で大変重要な視点となります。

以下のポイントに沿って、ホンモノの原因を探してみてください。

❶ 正しいルールが守られにくい環境を探す

正しいルールがあっても、ルールがあることを知らなければ、ルールを守りようがありません。同じように、ルールがあることを知っていても、内容を知らなければ、ルールに従いようがありません。このようなことが起きるのは、

ルールを知るために何らかのハードルがあるからです。

　たとえば、家電製品の操作を想像してみてください（テレビでも洗濯機でも何でもかまいません）。操作マニュアルがあることは知っていても、どこにしまったのかがわからないという状況を想定してみましょう。とにかくマニュアルが見つかるまで探すという方もいらっしゃると思います。しかし、とりあえずマニュアルがなくても、一通り操作をしてみるという方が多いのではないでしょうか。このような行動のショートカットは、人間の性(さが)でもあるので注意が必要です。

　ルールがどこにあるのかを探すのに手間がかかる場合には、正確に運用されないことが多くなります。このように、ルールにアクセスしにくい仕事はないかということを確認することは、組織の強い場をつくるために大切なことです。

　「正しいルールが運用されにくい環境（マニュアルの保管方法が悪いなど）はないか？」という視点で職場を見渡してみてください。

❷ そのルールとなった背景や理由、過去のトラブルなどがわからない仕事を探す

　仕事のルールの中には、なぜこのように無駄な手間をかけなければならないのかという疑問を感じる箇所もあるのではないでしょうか。

　筆者の経験では、大抵このような場合には、仕事を実行するために（多少の手間であっても）必要だと決められた過去の経緯が存在します。しかし、その経緯がマニュアルなどにはどこにも記載されていないために、ルールに従うメンバーからしてみれば、なぜそのような手間をかける必要があるのかがわからないのです。本来であれば、過去の経験は大切な情報の宝庫のはずです。過去の失敗事例や対策の結果などは、わざわざ追体験する必要などありません。

　なぜそのような手順なのかと違和感のあるルールや、そのようなルールとなった経緯が不明な手順がある場合には、それらをリストアップしておくとよいでしょう。過去の経緯がある場合には、それらを詳細に調べて、その仕事に関わるメンバー全員にわかる形で知らせることが望ましい対応です。

　「そのルールとなった背景や理由、過去のトラブルなどがわからない仕事は

ないか?」という視点で職場を見渡してみてください。

❸ **ルールが複雑で、正しく運用できていない仕事を探す**

せっかく立派なルールや作業手順が存在していても、正しく運用できないケースもあります。正しく運用されないのでは、ルールがないのと同じです。この主な原因は、ルールが複雑すぎたり、難しすぎたりすることです。

強い組織の場をつくる目的は、どのようなメンバーであっても、仕事がわかりやすく、仕事がやりやすい組織の土台を築くことにあります。そのため、そもそもメンバーが理解できないようなルールや、運用できないようなルールはつくってはなりません。

ルールは誰でもわかるシンプルなものとし、シンプルに表記する必要があります。筆者の知るケースでは、高尚なルールだと言わんばかりに、小さな文字でぎっしりと難解な文章で書かれた"ルールブック"なるものをつくっている会社がありましたが、ほとんどの社員は見たことも読んだこともないという状況でした。

「ルールが複雑(または難解)で、正しく運用できていない仕事はないか?」という視点で職場を見渡してみてください。

❹ **ルールに従うために必要な知識や技能が足りない仕事を探す**

先のルールが複雑(または難解)な場合とは逆に、ルールの内容は誰が見ても一目瞭然であっても、メンバーのほうに、そのルールに従える知識や技能がないこともあり得ます。

たとえば、「××ミリ以内の誤差で、××をつくる」などのルールがあったとしても、技能が足りないために、ルールに従った製品はつくれないかもしれません。

このようなケースでは、ルールに従った仕事ができるレベルに達するまで、技能を高めさせるなどの対応が必要になります。

「ルールに従うために必要な知識・技能が足りない仕事はないか?」という視点で職場を見渡してみてください。

❺ ルール違反が起きやすい仕事を探す

　従えるのに従わないルールというものもあります。従えるルールであるのに、従っていないルールはないかを確認することはきわめて重要なことです。

　従えるルールであるにもかかわらず従わないということは、そのルールに従わない何らかの理由があるはずです。それは組織としての問題点である場合もありますし、ルールそのものが間違っている場合もあります。いずれにしても、確実に、強い組織の場を築くためには、従えるのに従わないルールがあるということは言語道断といえます。必ず原因を究明して、確実な対策を打たなければなりません。

　「ルール違反が起きやすい仕事はないか？」という視点で職場を見渡してみてください。

❻ どのルールに基づいて作業するのかがわからない仕事を探す

　どのルールに従って仕事をしたらよいのかがわからない仕事はないでしょうか。または、本来の作業手順を知らない仕事はないでしょうか。

　作業手順を自分で推測して行っているような仕事は要注意となります。または、そもそも作業手順がないという場合もあります。日常的に行う仕事であるならば、しっかりとルールと作業手順をつくっておく必要があります。そして、ルールや作業手順をつくったならば、必ずメンバー全員に知らせなければなりません。

　「どのルールに基づいて作業するのかがわからない仕事はないか？」という視点で職場を見渡してみてください。

❼ 1つの仕事に対して、複数のルールが存在する仕事を探す

　本来あってはならないことですが、まれに1つの仕事に対して複数のルールがある場合があります。これにはいろいろな理由が考えられますが、よくあるのは仕事の担当部門が変わった場合などです。前の部門でのやり方と、新しい部門でのやり方が両方とも正しいやり方として存在しているということもよくあります。このような場合には、必ずどちらか一方の仕事のやり方に統一しな

ければなりません。ルールに曖昧な部分を残さないことは、強い組織をつくる上での鉄則です。

「1つの仕事に対して、複数のルールが存在する仕事はないか？」という視点で職場を見渡してみてください。

❽ 適用すべきルールがわかりにくい仕事を探す

あるゴールに向かって仕事をする場合、ゴールに到達しさえすればどのようなやり方でもかまわないというのでは、強い組織の土台をつくる上では失格といえます。

高度な仕事では、まだ誰もそのやり方を知らないというものも確かに存在します。そのような場合には、ゴールを示すだけで、やり方は試行錯誤を繰り返すというやり方もあり得ます。しかし、ここではまず、すでにある仕事を正確に、速く、上手にできるという強い組織をつくることを考えます。

何らかの仕事をするときに、その手順が何もないということは本来あり得ないはずです。必ず先人のやり方があり、その中でも最も効率的なやり方がすでに存在しているはずです。これらのやり方をメンバー任せにせずに、どのようにやるのが一番効果的なのかをしっかりと検証し、1つのルールとして確立しなければなりません。

「適用すべきルールがわかりにくい仕事はないか？」という視点で職場を見渡してみてください。

❾ ルールに具体性がない仕事を探す

ルールが大雑把にしか決まっていない仕事というのも案外多いのではないでしょうか。その仕事に関わるメンバーにだけ共有されていればいいようなルールには、このようなものが多いでしょう。しかし、このことは強い組織の場をつくる上での落とし穴でもあります。

仮に、今その仕事をしているメンバーが何らかの理由で全員いなくなってしまったとしたら、その仕事をいったいどのように実行したらいいのでしょうか。新たなメンバーが来たときに、そのルールの内容が理解できないというので

は、ルールとしての機能を果たしていません。大雑把なルールは、今いるメンバーにとってのチェックリストとしては効果があるかもしれません。しかし、誰もが正確に理解できるルールを作成しておくことはきわめて重要なことです。

「ルールに具体性がない仕事はないか？」という視点で職場を見渡してみてください。

【まとめ】 ルール適用の法則からホンモノの原因を探す際の大切な視点

① 正しいルールが運用されにくい環境（マニュアルの保管方法が悪いなど）はないか？
② そのルールとなった背景や理由、過去のトラブルなどがわからない仕事はないか？
③ ルールが複雑（または難解）で、正しく運用できていない仕事はないか？
④ ルールに従うために必要な知識・技能が足りない仕事はないか？
⑤ ルール違反が起きやすい仕事はないか？
⑥ どのルールに基づいて作業するのかがわからない仕事はないか？
⑦ 1つの仕事に対して、複数のルールが存在する仕事はないか？
⑧ 適用すべきルールがわかりにくい仕事はないか？
⑨ ルールに具体性がない仕事はないか？

9 「動作」の法則から ホンモノの原因を探す

人間は、自分が意図したものとは違う動作をしてしまうことがある

図表14 「動作」の法則からホンモノの原因を探そう！

「認知」の段階	「判断」の段階	「行動」の段階
1「五感」の法則	4「順序」の法則	7「動作」の法則
2「伝達」の法則	5「中断」の法則	
3「記憶」の法則	6「ルール適用」の法則	

A. 動作に目を向ける

　動作とは、実際に行動として体を動かすことです。正しく状況を把握し、正しく判断できたとしても、最終的に間違った行動を取ってしまうことがあります。正しく行動できないホンモノの原因が隠れていることが原因です。

　人間の行動プロセスの最後に位置するのが行動です。この行動で間違えてしまえば、せっかくの状況把握や判断も無駄になってしまいます。特に、体を実際に動かす動作には、しっかりと着目しなければなりません。正しい動作ができない背景には、正しい動作を妨げる原因が必ずあります。

B. なぜ動作で失敗が起きるのか

❶ 環境が整っていないケース

　動作で起きる失敗にもさまざまなものがあります。典型的なものは、動作をしやすい環境が整っていない場合です。たとえば、ある仕事をするのに常に体をかがめていないとできない環境などは、正しい動作を妨げる大きな原因です。ほかにも、印字された細かい数字を別の紙に転記する仕事をするのに、薄暗い部屋で作業をしなければならない場合も正確な動作を妨げる原因となります。微量な音声を聞き取る仕事にもかかわらず周囲の雑音がうるさいことなども正確な動作を妨げる原因です。

❷ ステレオタイプの動作に従わないケース

　さらに、動作にはステレオタイプというものがあります。ステレオタイプとは、無意識の中に刷り込まれている思い込みのことです。たとえば、オーディオ機器の音量を上げたいときには、迷うことなく音量ダイヤルを右方向（時計回り）に回すのもステレオタイプといえます。また、上下２つの音量の増減ボタンがあれば、迷うことなく上ボタンを押すのもステレオタイプです。操作方法を教えられなくても、このように操作する人がほとんどです。これらは無意識のうちに、この操作はこのようにするに違いないという強い思い込みがあるからです。このステレオタイプに逆らうような仕事のやり方がある場合には、必ず修正しなければなりません。

　極端な例でいえば、エレベーターで上に行きたいときには下ボタン、下に行きたいときには上ボタンを押す仕事があるとします。このような作業は、非常にストレスを感じることは間違いないでしょう。仮に、時間をかけてこのやり方に慣れたとしても、誰も間違えることなくこの操作をやり続けられるかどうかは疑わしいのではないでしょうか。なぜならば、よほど注意して作業するように心がけなければ、自分の中にある思い込みや生活習慣によって、誤った操作をしてしまうことになるからです。

❸ 無理な設計をされた仕事をなくす

　現実にはこのようなエレベーターは存在しませんが、これと同じくらい無理な設計をされた仕事はたくさん存在します。熱意があればできる、やる気があればできる、注意してやればできるなどといわれることもありますが、このように無理な設計をされた仕事を無理してやることには何の価値もありません。無理をしなくてもできる仕事のやり方に改めるほうがはるかに現実的です。

　注意すればできるというのでは、裏を返せば、注意していなければできないということです。注意力が薄れてきても間違いなく仕事ができるように、仕事のやり方を組み立てなければなりません。これは組織をマネジメントする上でもとても大切なことです。

C. 動作からホンモノの原因を探す着眼点

　７つの法則のうち、先の６つの法則は、メンバーが正しく認識し、正しく判断ができるようにするために必要なものでした。普通は、正しく認識ができて、正しい判断ができたならば、正しい行動が取れるはずです。それゆえに、強い組織の場をつくるために、ここまでの６つの法則の重要性を強調してきました。

　しかし、いくら正しく認識ができて、正しい判断ができたとしても、正しい行動が取れないことがあるのです。主な原因は、職場の中に正しい動作を妨げる原因が潜んでいるからです。そのため、正しい動作を妨げる原因を探す必要があります。

　具体的には、無理な姿勢での仕事はないか、過度な運動神経を求められる仕事はないか、道具や工具を使いにくい仕事はないか、装置やシステムを操作しにくい仕事はないかなどを確認していく必要があります。

D. 動作におけるホンモノの原因を探すための処方箋

　強い組織の「場」をつくるためには、動作に潜むホンモノの原因を探し出

す必要があります。私たちは物事を正しく認識し、正しい判断を下し、それに基づいて正しい行動を取らなければなりません。しかし、せっかく正しく認識し、正しい判断をしても、正しい行動を取れないことがあります。動作は、具体的に行動を起こす最終プロセスであるため、ここにホンモノの原因が潜んでいることはきわめて重大です。

以下のポイントに沿って、ホンモノの原因を探してみてください。

❶ 不自然な環境での仕事を探す

正しい動作を妨げる環境がある場合には、仕事の失敗を起こしやすくします。たとえば、背筋を伸ばして行えれば間違いが少なくなる作業でも、無理な姿勢で行わなければならない場合には、ストレスなどの理由で間違いが起きやすくなってしまいます。

小さな音の違いを聞き分けなければならない仕事で、雑音のある部屋で作業をしなければならない場合には、当然間違いは起きやすくなるでしょう。これらは正しい動作を妨げる原因となります。

「不自然な環境での仕事はないか？」という視点で職場を見渡してみてください。

❷ 無意識で行っている仕事を探す

もう1つ正しい動作を妨げる原因として重要なものは、馴れによる流れ作業です。無意識で行っている仕事は間違いが起きやすいからです。仕事の効率を追求するためには、深く考えなくてもできる仕事の範囲を広げることが大切な一方で、まったく無意識に仕事をしてもいいというわけではありません。仕事を正確に、速く、上手に行うためには、意識的に仕事を行うことが必要です。

無意識で行っている仕事を探し出し、無意識で行っているのだということを自覚してもらう必要があります。その上で、無意識に行っていた作業のどこで間違いが起きやすいのか、事故につながりやすいのかを知ることが大切です。

「無意識で行っている仕事はないか？」という視点で職場を見渡してみてください。

❸ 間違った動作をしやすい環境を探す

　正確に、速く、上手に仕事をするためには、正確な動作を行いやすい環境であることが大切です。たとえば、ある操作をするときに、スイッチの並び方が不規則であったり、一見しただけでは何のスイッチかわからないなどは、失敗を引き起こす原因となります。

　また、整理・整頓・清掃・清潔・しつけ（いわゆる５Ｓ）などの作業環境が整っていない場合には、誤った動作を誘発しやすくなります。

　「間違った動作をしやすい環境はないか？」という視点で職場を見渡してみてください。

【まとめ】　動作の法則からホンモノの原因を探す際の大切な視点
① 不自然な環境での仕事はないか？
② 無意識で行っている仕事はないか？
③ 間違った動作をしやすい環境はないか？

＊　＊　＊

　本章では、７つの法則を使ったホンモノの原因の探し方を説明してきました。ホンモノの原因を探す場所はたったの７つです。７つの法則で、組織に潜むすべてのホンモノの原因を漏れなく探すことができます。法則に１つひとつ照らしながら、普段の仕事を見渡してください。

　次章では、ここで探し出したホンモノの原因に対して、具体的な対策を立てていきます。どのようにしたらホンモノの原因をなくすことができるのかについて、詳しく説明していきます。

COLUMN 02

成長を体感することで、感謝する習慣を持つ

　「ヒヤリ・ハット」という言葉をご存じでしょうか。語源は、ヒヤリとしたり、ハッとしたりしたことだそうです。実際には事故にはならなかったものの、事故になっていてもおかしくない出来事をいいます。誰かが偶然にも未然に防いだ出来事や、別の場面では事故になっていてもおかしくなかった出来事など、些細なものまで含めると、その範囲はとても広いものになります。

　ハインリッヒの法則というものがありますが、この法則では、1つの重大事故の背景には、29の軽微な事故があり、その背景にはさらに300の異常が存在するといわれています。これは労働災害における経験則の1つです。この300の異常が、いわゆるヒヤリ・ハットに相当します（1：29：300の法則ともいいます）。

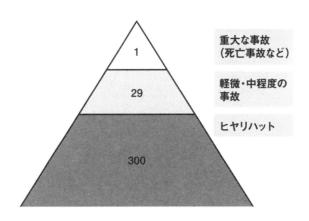

失敗や事故を未然に防ぐことを目的として、ヒヤリ・ハット事例を集め、分析する活動をしている企業も非常に多くあります。これは他者の失敗による知識と知恵を集積することで、同じような失敗を防ごうとする取組みです。

　なお、筆者はこれとは別に「ニヤリ・ホット」という活動を推奨しています。これは今までならば失敗につながったことが、ホンモノの原因を見つけ出して対策を講じたことで、未然に防げた事例を収集していくものです。これによって、立てた目標に対する検証をしていくことができます。

　以前の自分ならばできなかったことができるようになったり、以前の自分ならば失敗をしていたことが失敗をせずにできたということを身をもって体感していくことができます。この活動を続けていくことで、たとえ成功しているときであっても、定期的に職場を振り返る習慣を持つことができます。うれしくてニヤリとしたり、ホッとしたりすることから、ニヤリ・ホット活動と呼んでいます。これは具体的にメンバーの成長や組織の成長を感じることのできる貴重な活動になります。

　この活動のいい点は、このような仕事はできて当たり前、自分たちは失敗しないのが当たり前、という傲慢な気持ちになることを防いでくれることにあります。常に謙虚な姿勢でいられるようになります。仕事ができる自分に素直に感謝ができます。そして、もっと仕事を上手にできるようになりたいと願うようになるはずです。

Chapter

3

問題を克服して「強い場」をつくるための対策の立て方

1 強力な対策を打つ

　発見したホンモノの原因は、完全になくす必要があります。ここでは、ホンモノの原因をなくすための具体的な対策の立て方について説明します。

　まず、第1章の医療事故の事例を思い出してみましょう。本質的な失敗の原因は、「誤ったボンベを接続できてしまう」ことにありました。これに対応する本質的な対策は、「誤ったボンベを接続できないようにする」ことでした。そして、これらの本質的な対策は、必ずしもすぐに実行できるとは限りません。「誤ったボンベを接続できないようにする」ためには、接続口をボンベによって変えなければならず、費用も時間もかかる可能性があります。このような場合には、真の対策を実行できるようになるまでの間、代わりの対策としてすぐに行う対策を考えて実行することが必要になります。

A. 真の対策とすぐに行う対策の2つを決定する

❶ 真の対策

　真の対策とは、ホンモノの原因を完全になくすことのできる対策のことです。真の対策を考える場合には、まずは時間や費用のことを考えずに行うことが大切です。ホンモノの原因を完全になくすことができるかどうかだけに集中して検討することが優先です。いつから始めるのか、費用はどの程度かかるのかなどの問題は、真の対策を見つけた後で考えればいいのです。

❷ すぐに行う対策

　すぐに行う対策とは、失敗を防止する効果が高く、いつでもすぐに実行できる対策のことです。医療事故の事例では、ボンベに大きく「酸素」「二酸化炭素」と表示したラベルを貼る、などの対策をさします。ラベルを貼ったからといって完全に取違えを防げるとは限りません。しかし、ボンベの金属部分に

小さな文字で彫り込まれた文字を見て判断するよりは、どこから誰が見ても中身がわかるように表示されているほうが取違いを減らせることは間違いありません。

❸ それぞれの組織にそれぞれの真の対策がある

　本章では、7つの法則から見つけられるホンモノの原因に対する具体的な対策案を紹介していきます。なるべく広く応用できるように説明していますので、読者の職場や日常生活にも応用できることと思います。

　ただし、次の点に注意してください。ホンモノの原因の見つけ方は1通りではありません。7つの法則はホンモノの原因を見つけ、対策を立てるための地図として用いますが、どこを目的地にするか、どのルートをたどるかで、答えは変わってくるからです。それらは、それぞれの職場や組織の実情などによって異なります。

　たとえば、医療事故の事例でのホンモノの原因を探した際に、ホンモノの原因を「接続すべきボンベ以外のボンベが置かれていた」とした方がいるかもしれません。これも、ホンモノの原因に違いありません。そして、この場合の本質的な対策は、「接続すべきボンベ以外のボンベを部屋に入れられないようにする」となります。

　もちろん、これから紹介する解決策をそのまま実行しても、効果は見込めます。しかし、現場の実情を誰よりもよく知っている皆さんが、可能な限り工夫して使えば、さらに適用範囲が広がっていきます。

B．選択肢を設けてはならない

❶ 選択肢は失敗のもと

　対策を立てる上で、もう1つ大切なことは、選択肢を設けないということです。Aのやり方でもいいし、Bのやり方でもいいというような仕事のやり方ではいけません。正しい仕事のやり方は1つだけに限定するべきです。

　人生に選択肢が与えられているということは、とても幸せなことです。しか

し、失敗を完全になくすという目的のためには、選択肢は設けないほうが確実にいいといえます。

　たとえば、筆者はレストランでは、メニューを見てもすぐに注文を決めることができません。その理由の1つは、メニューが多いからです。一方で、航空機の機内食であれば、肉か魚かと聞かれれば、私はどちらかを即答で答えます。周りの乗客を見回してみても、ウンウン唸って悩んでいるという乗客を見たことがありません。これは誰でも即答できるタイプの選択肢なのです。仕事のやり方にも同じことがいえます。

❷ 一度決めたらそれに集中する

　これに対して、選択肢を持つことが仕事のモチベーションを高めるのではないか、自分の頭で考えて仕事をすることにつながるのではないかと考える読者もいるかもしれません。確かにその考え方は正しいといえます。しかし、それはもっと前段での話です。

　ある仕事のやり方を決めるときには、いろいろな選択肢があり得ます。どのやり方に決めるかは自由です。ここでは多くの選択肢が与えられています。しかし、一度、どのやり方でやるかを決めたならば、そのやり方に集中するべきです。いろいろなやり方でもその仕事を進めることができるからといって、その時の気分でやり方を決めるというのでは、ホンモノの原因を自ら量産しているようなものです。仕事のやり方を1つに決めるということは、無数にある選択肢を十分に享受した上での結果です。多くの選択肢を与えられ、恵まれた環境の中で、最も効果の高いやり方を選択する機会を、すでに私たちは与えられているのだということを忘れてはなりません。

2 「五感」に対する強力な対策

　ここでは、五感の法則で探し出したホンモノの原因に対する、具体的な対策の立て方について説明します。

　五感におけるホンモノの原因をなくすためには、メンバーが識別するために必要なきっかけをより多く与えることが大切です。たとえば、色、かたち、図形、呼び方の工夫、音声、画像、光などを有効に活用できれば、その効果も大きなものとなります。メンバーの五感に強く訴えることで、見分けるのにかかるメンバーへの負担を小さくすることが有効な対策となります。

A. 五感に対する真の対策

❶ 機械的な制約で誤った仕事ができないようにする

a)　失敗をなくす強烈な対策

　五感でのホンモノの原因を完全になくす最も効果の高い対策は、機械的な制約をつくることです。失敗を防止するための対策としては、失敗を完全になくすことができる非常に強烈な対策になります。

　たとえば、ある書類ファイルは特定のカギを持っている人しか閲覧ができないようにする、あるパソコンには特定の人しかログインができないようにする、などが機械的な制約をつくる対策です。第2章で紹介した医療事故の事例では、誤ったボンベを接続できないようにする、というのがこの機械的な制約（真の対策）にあたります。

b)　意図的なルール違反をなくす効果

　この対策は、単に失敗を防止するだけではなく、意図的なルール違反を防止する効果もあります。たとえば、慣れた作業をしているベテラン社員が、操作Aをせずに、いきなり操作Bをしているということがわかったとします。その場合の真の対策の1つは、操作Aをしない限り、次の操作Bをできないよう

にしてしまうことです。

たとえば、「立ち入り禁止！」という看板や張り紙をよく見ますが、本当に立ち入り禁止であれば、そもそも誰も立ち入ることができないようにするべきです。入口を完全に封鎖した上で、張り紙で封鎖の理由を掲示することなどが、この場合の真の対策となります。

同じことは、ダイエット中の人にもいえます。お菓子やデザートを家の中に置かないことがダイエット成功の秘訣だからです。どんなにお菓子を食べたくなっても、そもそも食べることを不可能にしてしまうのです。

c) うっかりミスも防止

このように機械的な制約をつくることができれば、うっかり誤った判断や行動をしてしまったとしても、失敗を防ぐことができます。このような対策は、やってはいけないとわかっていても、ついやってしまうような意図的な失敗にもとても効果的です。

私たちの生活の中でも、機械的な制約は工夫されて、とても多く使われています。たとえば、自動車のキーを抜かなければ、外からはドアロックができないようになっていることも、機械的な制約の1つです。一昔前は、キーを差したままドアロックをしてしまうと、もうドアを開けることができませんでした。そのため、必死に公衆電話を探し（昔は携帯電話もありません）、自動車の整備業者を呼んでドアを開けてもらうということが必要だったのです。

d) 実行へのハードルが高い

このような機械的な制約による対策ができれば、たとえ失敗につながる判断や行動をしてしまったとしても、結果的には、失敗につながらないようにできます。

ただし、真の対策を打つためには、設備を改めなければならないなどの一定のハードルがあります。

❷ 非常時の識別は強制的にされるようにする

組織の強さが端的に表れるのは、非常事態が発生したときだといわれます。非常時にメンバーがどのように動き、どのように判断するかを見れば、その組

織の強さが最もはっきりとわかるからです。

　非常時にはメンバーの判断がゆがめられやすいために、日頃から正しい判断をしやすいように職場を整えておく必要があります。非常時には、メンバーが間違った判断や行動を取らないように、そもそも誤った判断や行動をできないようにしてしまうことが真の対策になります。

　たとえば、非常時に稼働させてはならない装置がある場合には、強制的に電源を落とす、立ち入り禁止にする場合には、入口を完全に封鎖する、などの対策が必要です。

　やや極端と思われる場合でも、まずは絶対に間違いに結びつかないようにしておくことが先決です。その後の対応は、メンバーが冷静な判断ができるようになってからでも決して遅くはありません。

B. 五感に対するすぐに行う対策

❶ 五感に訴える表示にする

a)　ラベルによる識別

　組織によっては、情報セキュリティーなどの理由で、用途によってパソコンを使い分けていることがあります。パソコンは会社が一括して購入することが多いので、外観は全く同じパソコンだということも多いでしょう。しかし、片方のパソコンでは機密データを扱っていたり、もう片方のパソコンでは機密データにアクセスできるようになっていたりします。

　このような場合に最も手軽に使われるのが、ラベルによる識別です。多くのオフィスでは、パソコンの画面上部の枠に「××専用」などのラベルが貼られています。これによって、誰が見ても何の用途に使用するパソコンかがはっきりとわかるからです。

b)　シンプルでも大きな効果

　シンプルな方法ですが、このラベルを貼るという対策は、大きな効果が期待できます。たとえば、10冊あるファイルに何のラベルもなかったとしたら、どれほど使い勝手が悪いかは容易に想像できると思います。ファイルの表紙

を見て、何のファイルなのかわからないとしたら、1冊ずつ中身を確認しなければ、必要なファイルにたどり着くことはできません。

　私も多くのファイルを使用しますが、必ず表紙と背表紙に書類の内容のわかるタイトルを貼っています。さらに、ファイルを開けばジャンルがわかるように小見出しをつけています。これによって、誤った書類を持ち出すことを防げますし、必要なときに必要なファイルにすぐにアクセスすることができます。

　ラベルを貼るという対策は、あまりにも簡単であるために、職場を強くするための対策とは捉えていなかったと思いますが、とても大切な対策になります。何事もしっかりとした基礎固めから始まるのです。

❷ 色や絵で五感に訴える

a)　無駄をなくして時間短縮

　用途やタイトルを文字だけでなく、色や絵で示したほうが効果的な場合もあります。たとえば、書類ファイルも膨大な量になると、ある分野のファイルは赤、ある分野のファイルは青などとしておけば、大括りでのファイルを探す時間を短縮できます。

　赤のジャンルの書類が必要なのに、誤って青のファイルを探していたというような無駄をなくすことができます。必要な書類を探すために必要な時間と正確さは、色による分類がある場合とない場合とでは非常に大きな差となります。ジャンルが赤だとわかれば、その限られたジャンルの中だけから、必要な書類を探すことができます。さらに、ラベルにも絵を挿入しておけば、より探しやすくなります。たとえば、コンピュータ関係のものにはパソコンの絵を、化学系のものであればビーカーや試験管の絵をつける、というように視覚に訴える工夫をしておくことで、五感による識別が強くなり、早く正確に必要な書類を探すことができます。

b)　形状で区別する

　オフィスにおいては、パソコン本体の色を変えることはなかなか難しいですが、用途別に別メーカーのパソコンを使用したり、用途によってノート型とデスクトップ型を使い分けるようにすれば、失敗を防ぐことはもちろん、セキュリ

ティー対策としても有効です。

　同じことは、音や光を使っても行えます。消防車や救急車がサイレンを鳴らして、赤いランプを点灯させて走ることは、緊急事態を知らせるためには効果的な方法だからです。

❸ **直感的に理解できる名称に変える**

　表示や名前は、すぐに意味のわかるものでなければなりません。たとえば、「1、2、3……」や「A、B、C……」などといった表示は、見てもすぐに内容を理解することができません。

　これで失敗せずに仕事が運んでいるというのは、普段からこれらの表示を見て、表示の意味を覚えて仕事をしているメンバーだからこそです。そんな彼らがいなくなったら、この職場はどうなるのでしょう。これらを誰が見ても理解できる名前に変えれば、誰に対しても仕事の内容をわかりやすくすることができます。

❹ **変化がすぐにわかる仕組みにする**

a)　状況把握は強い組織の条件

　強い組織の土台をつくるためには、メンバーの能力や努力に頼らないようにすることが大切です（この土台ができた後は、メンバーの能力・努力や感性に頼ることがあってもかまいません。それはきちんとした基礎の上に建てる建物だからです）。

　そのためには、職場の変化や仕事の問題点をメンバーがきちんと把握できるようにしておくことが大切です。メンバーが努力をして職場の変化や問題点に気づくというのでは、本当に強い組織にはなれません。

b)　グラフや一覧表を用いる

　大きな効果を発揮するものとして、グラフや一覧表があります。日々の変化をグラフや一覧表を用いて、メンバー全員が把握できるようにしておくのです。たとえば、日々の売上実績やコピー用紙の使用枚数などをグラフにしている職場もあります。発生した事故やミスの件数を一覧にしている職場もあります。グラフにしてあれば、その変化を誰が見ても一目瞭然に理解できます。誰の目

から見ても不自然な変化が示されていれば、何か問題点があるはずだと誰もが気づくことができるようになります。

　誰かの直観に頼ったり、熟練社員のような一部のメンバーの気づきに頼るような職場にしてはなりません。

❺ メンバーが識別した結果を確認できるようにしておく

　メンバーが識別した結果が正しいのかどうかを確認できるようにしておくことも大切です。たとえば、作業の全体フローを掲示しておけば、作業全体の中で、今どの仕事をしているのかということを、メンバーがその都度確認しながら作業を進めることができます。

　たとえば、システム的な対応ができるのであれば、操作した結果がパネル表示されるようにするなども効果的です。本当に意図した操作がされているのかどうかをその場ですぐに確認することができるからです。

【まとめ】　五感の法則でホンモノの原因をなくす対策例

◆　真の対策
① 機械的な制約で誤った仕事ができないようにする
② 非常時の識別は、強制的にされるようにする

◆　すぐに行う対策
① 色や絵で五感に訴える
② 直感的に理解できる名称に変える
③ 変化がすぐにわかる仕組みにする
④ メンバーが識別した結果を確認できるようにしておく

③「伝達」に対する強力な対策

　ここでは、伝達の法則で探し出したホンモノの原因に対する、具体的な対策の立て方について説明します。

　コミュニケーションにおいては、どのような考え方や捉え方をするかは、各人の主観に委ねられています。よほど意識的にコミュニケーションをしない限り、この主観を一致させることは難しいでしょう。ある人は効率を重視し、ある人は情報量を重視するなど、会話での重点の置き方も違うからです。

　しかし、仕事を正確に、速く、上手に行うという明確な目的がある場合には、コミュニケーションの取り方が千差万別では困ります。いかに目的を効果的に実現できるコミュニケーション方法に固定するかが大切となります。この場合にも、メンバーにかかる負担を可能な限り小さくするような仕事のやり方に決めることが大切です。

A. 伝達に対する真の対策

　伝達に対する真の対策には、大きく2つの方向性があります。1つは、伝達する内容を正確に伝えられるように、たとえ冗長になっても情報の背景や関連する情報を併せて伝えられるようにすること。そのために、情報を受け渡すフォーマットを統一すること。もう1つは、そもそも伝達をしなくてもできる仕事のやり方に変えてしまうことです。

❶ 伝達のフォーマットを統一する
a)　口頭でも書面でも統一する

　伝達とは、相手に情報を受け渡すことです。これは人から人への口頭による伝達も、書面を用いた伝達も本質は変わりません。相手に情報を正しく伝えるためには、言葉が無秩序に並んでいたのでは、正確な情報を伝えることは

できません。

　正確に情報を受け渡すためには、お互いが統一のフォーマットの上に決められたルールで（正しい用語、決められた順序など）、正しい情報を伝える必要があります。

　たとえば、1番目に何を伝え、2番目に何を伝え、…最後に何を伝える、という伝達形式を完全に決めていれば、受け手側もその準備をしながら、スムーズに情報を受け取ることができます。無駄な予測や順番の並び替えをする必要はありません。

　特に口頭では、話した内容はそのまま通り過ぎてしまうため（録音でもしておかない限りは、巻き戻すことができない）、フォーマットを統一することによる効果はとても大きなものです。書面での伝達も、何がどこに書かれているのかが事前に明らかであれば、一目見ただけでも情報を正確に受け取ることができます。

b)　フォーマット統一の例

　たとえば、以下のようなフォーマットを定めて、お互いの連絡ルールを決めてしまいます。

「現状は、（…現状の確認…）となっています。（…目的…）をするので、（…指示内容…）をしてください。その際、（…注意点…）に留意してください。作業前には、（…準備内容…）してください。作業後には、（…付随の作業内容…）してください。完了報告は、（…部署名・名前など…）にしてください。所要時間は、（…時間…）です。」

　このように決めておけば、必ずこの順番に、この内容で情報を伝えることになります。慣れれば冗長には感じませんし、相手が次に何を伝えるかが明らかなため、伝達ミスがなくなります。仕事の速さと正確さが向上します。

❷ 冗長性を持たせる

a)　効率と正確さはトレードオフの関係

　伝達のフォーマットを統一することと合わせて、伝達する情報にある程度の冗長性を持たせることも必要です。ビジネスでの連絡は端的にといわれるた

め、意外に思われる読者もいるかもしれません。しかし、情報を伝える効率と正確さはトレードオフの関係にあります。

　そのため、何でも手短に伝えればいいかといえば、必ずしもそうではありません。正確さを重視するのであれば、言葉を継ぎ足して、誤解のないように背景情報を加えながら、正しい用語を用いて（略語などを使わずに）伝えることが必要です。

b)　重要な情報には追加情報が必要

　たとえば、「目の前に花があります」という情報を伝える場合には、花自体が重要でない場合には、この伝え方でも問題はないでしょう。しかし、花自体が重要な情報である場合には、たとえビジネス上の連絡であっても、これでは不十分です。

　目の前にある花は何の花なのか、どのくらいの大きさなのか、色はどうなのか、花の健康状態はどうなのか、咲いている場所はどこなのか、土壌はどうなのか、他の花や周囲の花と比べてどう違うのか、などの追加的な情報をしっかりと伝えるようにしなければなりません。

❸ 伝達に頼った仕事をなくす

a)　端末表示を活用する

　情報の伝達においては、背景情報が不足しやすいことを前提として、仕事のやり方を決める必要があります。

　たとえば、背景情報が不足する場合には、情報端末からキーワード検索で必要な情報を引き出せるようになっていると望ましいでしょう。口頭による伝達内容を自動的にテキスト化して端末に表示することなども伝達への依存度を下げる有効な対策です。

b)　パソコンやタブレットへの設備投資は有効

　近年は、パソコンやタブレットをうまく使えば、情報の伝達に頼った仕事を減らすことができます。ある程度の設備投資は必要ですが、比較的簡単に実行することができます。パソコンやタブレットをうまく使うことで、情報を関係者全員で共有することもできるようになるため、伝達による依存度を下げるこ

とができます。

　同じように、文書によるやり取りをメールやチャットで共有するということもできるでしょう。ただし、この場合には、関係者全員で必ずクロスチェックをするなどの運用が肝要です。全員が知っているのなら、自分がわざわざ注意しておく必要はないと考えてしまうメンバーが出てしまったのでは、本末転倒だからです。

B. 伝達に対するすぐに行う対策

❶ 意図したとおりに情報を伝えられるようにする

a)　意図や理由も一緒に伝える

　日常の会話では、話す内容以外の雰囲気や、お互いが暗黙のうちに共有している前提などに、コミュニケーションの多くを頼っているものです。

　そのため、「あの件お願いしますね」などといった一言でも、友人同士の会話であればお互いにあうんの呼吸で理解できてしまいます。しかし、ビジネス上のコミュニケーションでは、伝えたい内容が十分に伝わらないために、誤解が生じやすくなります。そのため、情報を伝える意図やその理由などをワンセットにして、正確に伝える工夫が必要です。

b)　正確に、端的に、網羅的に

　これは伝言ゲームに似ています。片方は絵で伝えようとし、もう片方はジェスチャーで伝えようとするなどの伝え方の違いは、正確に伝えようとする強い意思や熱意だけでは乗り越えることができないからです。ゲームならば笑い話で済みますが、強い組織をつくるという明確な意図をもって仕事のやり方を決める場合には、いかに正確に端的に、かつ網羅的に相手に伝わるようにするかが大切になります。

❷ 用語を統一する

a)　外来語やカタカナ語は特に注意

　聞き違えやすい用語や定義のはっきりしない「ことば」は、正しい1つの用

語に統一する必要があります。この作業は意識的にやらなければ進まないものです。なぜならば、使っている本人は、自分の使っている用語が正しいと思っているからです。そのため、他人が微妙に違う意味で使っていたとしても、当事者同士はその違いに気づくことがなかなかできません。

　特に、外来語やカタカナ語には、聞き間違えやすい用語が数多く存在します。普段、職場で使っている「ことば」を振り返ってみてください。仕事を正確に、速く、上手に行うためには、普段使う「ことば」にも注意を払う必要があります。

b)　どんな言葉でも誤解は起こりうる

　私の経験では、「顧客」という言葉が別の意味で使われていたことがありました。ある会社で顧客という場合には、普通はその会社と取引関係にある相手や商品を買ってくれる人を顧客といいます。しかし、たとえばマーケティング部門では、今取引がなくても、今後取引があるかもしれない人も含めて顧客といいます。今顧客ではない人を顧客にすることが仕事ですから、考えてみれば当然かもしれません。広報部門に至っては、今後取引が永遠にないかもしれない人も含めて顧客ということがあります。新聞や雑誌、テレビなどは万人の目に触れるからです。一方で、特定の商品を開発している人はその特定の商品を買ってくれる人が顧客ですし、特定の商品を卸している営業部門などはその商品を発注してくれる企業が顧客です。これらの人が一堂に会して顧客について議論をしたら、当然、多くの誤解が生じることになります。

❸ 正確に伝達される作業手順を導入する

a)　伝えたつもりで、伝わっていない

　必要な情報が正確に伝わっていない仕事も多くあります。その仕事に関わるメンバー同士は、必要な情報は伝えていると思っているものですが、結果的には、必要な情報が伝わっていなかったということが多くの職場で起きています。ある特定の仕事にだけミスが多いなどという場合には、このような原因が隠れていることがあります。

　さらに、その原因が些細なものであればあるほどに、注意が必要です。些

細な原因のときには、特に何の対策も取られずに、そのまま放置されることが多いからです。どうしても目先のことを優先してしまうために、些細な原因にまで目を向けられないことが多いからです。しかし、どのように些細なことであれ、このことが原因で、後に大きな事故につながってしまうケースもめずらしくありません。

b)　伝えるべき内容も明記する

そのため、正確に情報が伝わるように、仕事のやり方を変えていかなければなりません。その有効な対策の1つが、情報が正確に伝わるように仕事の手順を変えるということです。作業ごとに必要な情報を明らかにして、何と何を伝える（または受け取る）のかを作業手順の中に、はっきりと明記してしまうのです。

作業手順だけで足りない場合には、必要な情報を確実に受け渡したかどうかを確認できるチェックリストを活用するのも効果的です。

❹ 相手と確実にタイムリーに連絡が取れるようにする

必要な情報がタイムリーに伝わらない原因として、連絡を取るべき相手との間に障害があることもあります。たとえば、情報を伝えるべき相手との連絡が取りにくい、直通の電話がない（内線で呼び出しが必要など）、携帯電話の番号を知らない、などです。

これらを解決するには、直通電話を設置する、相手の短縮ダイヤルを登録する、緊急時用に携帯番号を共有しておく、などが必要です。

❺ 連絡すべき相手とその連絡先がすぐにわかるようにする

日頃の職場内の連絡であれば、連絡先もそんなに多くはないでしょう。しかし、これがグループ会社や取引先も含めるとなれば、連絡すべき相手の数も膨大になることがあります。

メールであれば連絡帳に登録しておくこともできますが、電話で連絡をしなければならない場合には、あらかじめ一覧表にしておくといいでしょう。特に年に数回しか使わない連絡先などは、忘れないようにしっかりと管理しておか

なければなりません。電話機に余裕があれば短縮ダイヤルに登録しておくことも有効です。パソコンの共有フォルダに連絡先一覧を保管しておくことや、緊急時用の電話機のそばに連絡先一覧を掲示しておくことも有効な対策です。

❻ **作業の引継ぎ方法や後輩への指導方法を統一する**

情報の受け渡しで見落とされることの多いのが、新人や部下の指導です。指導・育成も重要な情報の伝達です。案外、このことは盲点となっています。多くの組織では、この大切な情報の受け渡しを、メンバーの努力と能力に任せてしまっているのです。そのため、指導・育成する側の能力ややり方の違いによって、部下への伝わり方や育ち方がバラバラになってしまいます。

新人や部下の指導育成において、必ずやらなければならないものは、誰がやっても同じ教え方になるように、指導方法を統一する必要があります。

❼ **作業全体の状況を関係者全員で共有できるようにする**

仕事の全体像が見えなければ、メンバーの仕事の成果に影響することがあります。仕事の全体像を示すとともに、その中での仕事の位置づけを示し、全体への影響がわかるように配慮する必要があります。

よくある例では、営業部門の売上目標に対する自己進捗のグラフ化です。全体の中で各メンバーがどのように関わりあっているのか、どのような成果に結びついているのかを知ることができるようになっています。

全体の中でどのような仕事を任されていて、どのように影響を与えているのかを知らせることは、仕事をわかりやすくする上でも、モチベーションを高める上でもとても大切です。

【まとめ】 伝達の法則でホンモノの原因をなくす対策例

◆ 真の対策
① 伝達のフォーマットを統一する
② 冗長性を持たせる
③ 伝達に頼った仕事をなくす

◆ すぐに行う対策

① 意図したとおりに情報を伝えられるようにする
② 用語を統一する
③ 正確に伝達される作業手順を導入する
④ 相手と確実にタイムリーに連絡が取れるようにする
⑤ 連絡すべき相手とその連絡先がすぐにわかるようにする
⑥ 作業の引継ぎ方法や後輩への指導方法を統一する
⑦ 作業全体の状況を関係者全員で共有できるようにする

❹「記憶」に対する強力な対策

　ここでは、記憶の法則で探し出したホンモノの原因に対する、具体的な対策の立て方について説明します。

　人間の記憶はとても弱いものです。前述のように、短期的な記憶は、最初の20分で約半分が失われることが知られています。そのため、いかに記憶に頼らない仕事のやり方にするかが強い場をつくるカギです。

　記憶にまつわる失敗で特に多いのは、依頼された仕事のやり忘れです。その中でも日をまたがる仕事はやり忘れが起きやすいといえます。たとえば、3日後の何時何分に××をしてください、というような作業です。頼まれたメンバーも、忘れないように手帳に書いたり、スケジュールに登録したり、すぐに目につくところにメモを置いておいたりと工夫はしますが、それでもやり忘れは起きてしまいます。そのため、さらに一歩踏み込んだ対策が必要です。

A. 記憶に対する真の対策

　記憶に対する真の対策は、記憶に頼らずにできる仕事のやり方に変えることです。人間の記憶に頼って仕事をしている以上は、必ずやり忘れなどの失敗につながります。

❶ 記憶しておく時間をゼロに近づける

a)　マニュアル化では効率が悪いケースに有効

　何かを覚えてから作業をしたほうが効率的な仕事もあります。日々やるべき内容が変わるので、同じ手順のものは二度とないという場合には、すべてをマニュアルにしてから作業に移ったのでは、とても効率的に仕事を進めることはできません。

　このようなケースでは、やるべき内容をその場で確認し、記憶してから作業

に取りかかるほうが、確かに効率的な仕事のやり方といえます。どうしても記憶を避けては通れない場合には、覚えていなければならない内容と時間を最小限にする工夫が必要です。

b) 時間順に並べたメモ（作業票など）を使う

たとえば、やるべきことを記載したメモ（作業票などといわれることがあります）があるならば、必ずやる順番（時間の順番）に並べ替えて、すぐに確認できる状態にしてから持ち出すなどの工夫が必要です。

時間順に並んでさえいれば、ある作業が終わった後に、次にやるべき作業は次のメモにあるために、自然に記憶にインプットすることができるからです。たったこれだけの工夫でも、作業をやり忘れるという失敗を大幅に減らすことができます。

c) 記憶を呼び覚ますキーワードを使う

作業内容を記載したメモに目を通すときには、記憶を呼び覚ますためのキーワードも役に立ちます。日頃、あるキーワードで仕事を分類している場合には、そのキーワードにマーカーをしておくだけでも、記憶を呼び覚ますのには効果的です。キーワードを見るだけでも、仕事の区分を理解し、仕事内容を容易にイメージすることができるからです。（マーカーは、五感に訴える対策の1つでもあります。）キーワードが伝票にない場合には、余白に自分で記入しても効果が得られます。

d) 工夫の組み合わせで大きな効果

1つひとつの対策はどれも他愛もないことと思えるかもしれません。しかし、これらの工夫を組み合わせることで、必ず大きな効果を発揮します。事前に失敗を防止する工夫を施すことは、当たり前のことを当たり前にやっていくということです。（余談ですが、筆者の好きな言葉に「ＡＢＣ」というものがあります。Ａ：当たり前のことを、Ｂ：ばかになって、Ｃ：ちゃんとやる、という意味です。）

人間の記憶力は弱いために、記憶に頼るのではなく、記憶をどのようにしたらサポートできるのかを考えることが大切です。

❷ 記憶に頼らない仕事に組み替える

　日頃の作業工程の中に、記憶に頼っている作業があれば、修正する必要があります。記憶していることを前提にしなくてもいいように、仕事のやり方を改めなければなりません。

　本来は、世の中の大半の仕事は、「覚えていなければできない」などということはありません。仮に、あったとしても、記憶に頼るのはごく一部分にすぎません。

　記憶していることを前提としている仕事には、記憶しているべき内容を掲示しておくことも有効な対策になります。これまで記憶に頼っていたメンバーも、その掲示を確認しながら、安心して仕事ができるようになります。

　また、新しいメンバーがその仕事を担当する場合にも、無理に記憶に頼る必要がないために、安心して仕事ができます。

B. 記憶に対するすぐに行う対策

　「記憶」に対するすぐに行う対策には、2つの方向性があります。1つは、情報に「しゃべってもらう」ことです。紙の情報はしゃべってくれないことが、仕事のやりにくさの原因です。もう1つは、自分から強制的に情報を受け取りに行くことです。たとえば、決められた時間にやるべき仕事はないか、やり忘れはないかを、一定時間おきに職場全体でチェックするのです。

❶ 情報にしゃべってもらう

a)　メモやメールは教えてくれない

　紙のメモや電子メールによって仕事の指示や依頼をすることがあります。しかし、このような書面による指示は、簡単にやり忘れが起きてしまいます。このホンモノの原因は、紙などに書かれた情報は、しゃべって教えてくれないことにあります。

　たとえば、ある作業をすることを忘れないようにメモに書き、忘れないように注意していたとしても、やり忘れは必ず起きます。その原因は、紙に書かれ

た情報は、自ら読みに行かない限り、ないのと同じだからです。

b)　アラームやポップアップ機能を使う

　そのため、時間になったら自動的に知らせてくれるアラームや、作業時間になったらポップアップで表示してくれる機能などをうまく使って対策を取る必要があります。離席していても気づけるように、作業時間になったら携帯メールに自動送信される機能なども効果的です。

　このように、必要なときに、必要な場所で、「情報にしゃべってもらう」という対策は、高い効果を発揮します。メンバーの記憶力に頼るのではなく、メンバーに負担をかけずに、記憶を呼び覚ますことができるようになるからです。

c)　目覚まし時計でやり忘れゼロ

　筆者がコンサルティングした先では、ある仕事の開始時間に目覚まし時計をセットするという対策が、目からウロコであったといいます。当初はその効果を疑う声も多くありましたが、やり始めてみれば、すぐに大きな成果が表れました。仕事のやり忘れが、ほぼゼロになったのです。

　今では自動的に記憶を呼び覚ます仕組みを数多く工夫して、仕事を確実に、速く、上手にできる強い組織へと変革を遂げています。

❷ 情報を一定間隔で確認する

a)　単純でも高い効果

　書面に記載された情報は、私たちに自発的には知らせてくれません。そこで、一定の時間間隔で、自ら情報を確認しに行くという対策も大きな効果があります。たとえば、10時、12時、14時、16時と終業時など、あらかじめ決めた時間にやり忘れがないかを確認します。

　確認すべきものは、1日のスケジュールや電子メールなどで送られてくる作業指示、伝達文書やファックスまでさまざまです。やるべき作業を必ず決めた時間に確認するという対策は、仕事を確実に実行する上でとても効果の高いものです。

b)　チームワーク、計画性、効率が高まる

　筆者の経験でも、これらの対策によって、仕事のやり忘れを大幅に減らし

た例が数多くあります。さらに、この対策には大きな別の効果もあります。

　1つは、職場全体で決まった時間に確認をするために、知らず知らずのうちに職場の一体感がつくられていくことです。このような活動を続けていくことで、無理に意図しなくてもチームワークが高まっていきます。

　もう1つは、すぐにやる必要のない仕事にも強制的に目を通すことになるため、職場全員のスケジュール感覚が強まっていくことです。メンバー全員が知らず知らずのうちに、計画的に、効率的に仕事を進められるように変わっていきます。

❸ 記憶を強化する仕組みを持つ

a)　ミーティングを開く

　作業前に全員でミーティングを行うという職場も多いのではないでしょうか。もしも、そのような習慣がない場合には、業務開始前にミーティングを持つようにするといいでしょう。特に記憶に頼った作業をしなければならない場合には、その記憶内容を改めて確認し合う貴重な場になります。

b)　全員で確認を行う

　業務開始前ミーティングの大きな目的は、作業内容を1つひとつ確認し、確実に実行されるようにすることです。ミーティングのやり方には、そのための工夫を可能な限り盛り込む必要があります。当日の作業内容をメンバー全員が同じ場所で読み合わせ、同じ場所にマーカーを引き、同じ場所に付箋を貼るというようにすると記憶に残りやすくなります。「この場所がとても重要なのでマーカーをしてください」「必ずこの地点にきたらこの確認をしてください」など、全員で確認し合いながら進めるのがコツです。

c)　強調して記憶にとどめる

　必要なポイントは強調して記憶にとどめるようにすることが大切です。また、複数で作業を行う場合には、万一誰かが記憶違いをしてしまったとしても、全員が同じ内容を確認し合っているために、チームで相互補完ができるという効果もあります。

❹ 関連する情報に容易にアクセスできるようにする

　人間の記憶力は弱いため、記憶に頼った作業はなるべくしなくて済むように工夫する必要があります。近年は、コンピュータの発達によって、パソコンで容易に情報にアクセスすることができるようになりました。

　具体的には、書類の電子検索やパソコン画面への関連情報の自動表示なども可能です。メンバーの記憶に頼ったり、書類の山を探し回ったりせずに、仕事を進められるようにするべきです。

❺ やるべき内容を時系列で漏れなく表示する

　仕事を進める上で、メンバーが何をしなければならないのかがわからないという状況は、組織としては致命的といえます。何をしなければならないのかが、いつでもわかるようになっていなければなりません。

　メンバーの仕事をタスク表にまとめることも効果的です。タスク表は、年間単位のものから、月単位、週単位、日単位のものもあります。いつまでに誰が何をしなければならないのかを細かく記載しておきます。1年単位のものでは、上半期、下半期に何をしなければならないか、週単位では具体的にどの部門の誰と何をするのか、1日単位のものであれば、その日1日にやるべきことが時系列に並んでおり、ポイントや注意点が記載されているようにすると高い効果が期待できます。

　何をしなければならないかが明確になるだけでなく、メンバーが仕事全体での位置づけを理解しやすくなり、スケジュール管理も容易に行えることから、組織の生産性を高めることができます。

❻ 覚えておかなければならない数は3つ以内にする

　どうしても覚えておかなければならないことは、3つ以内になるように仕事のやり方を工夫する必要があります。一度に多くのことを記憶しようとすれば、間違いの原因になります。筆者の経験では、1つの作業で覚えておかなければならない項目は2つまでです。仮に、それでは少なすぎるのであれば、せめて3つ以内にするべきでしょう。

【まとめ】 記憶の法則でホンモノの原因をなくす対策例

◆ 真の対策

① 記憶しておく時間をゼロに近づける

② 記憶に頼らない仕事に組み替える

◆ すぐに行う対策

① 情報にしゃべってもらう

② 情報を一定間隔で確認する

③ 記憶を強化する仕組みを持つ

④ 関連する情報に容易にアクセスできるようにする

⑤ やるべき内容を時系列で漏れなく表示する

⑥ 覚えておかなければならない数は3つ以内にする

5 「順序」に対する強力な対策

　ここでは、順序の法則で探し出したホンモノの原因に対する、具体的な対策の立て方について説明します。

　仕事をする順序によって、生産性が左右されることはあまり知られていません。筆者の経験では、仕事のやり忘れなどの失敗が起きる確率も明らかに異なっています。

　したがって、これらの仕事のやり直しや後処理にかかる時間だけでも、仕事の順序が仕事の生産性に影響するといえます。やりやすく、間違いの起こりにくい仕事の順序（または手順）に直すことで、組織の「強い場」をつくることができます。

A．順序に対する真の対策

❶ 1つの作業に限定する

a)　別の仕事をなくしてしまう

　複数の仕事を行う場合には、やり忘れや混同による取違いをすることがあります。どんなに気をつけていても、メンバーの努力に頼っている限りは、これらの失敗を完全になくすことはできません。

　何か1つの仕事をした後に別の仕事をやり忘れてしまうような失敗をなくすためには、そもそも別の仕事というものをなくしてしまえばよいことになります。複数の作業をしなければならないときには、可能な限り、時間的にも空間的にも作業を分けることが有効な対策です。特に、全く関連のない作業を複数行わなければならない場合には大きな効果が期待できます。

b)　1つに集中する効果

　この対策は何も難しいことではありません。別々の仕事であるのだから、同時には行わないで、1つの作業が完全に終わってから、別の作業に移りましょ

うということです。作業の準備などが必要な場合には、作業場所も分けておくといいでしょう。作業を同時に行っていなくても、実施中の作業と別の準備中の作業とが混同されてしまうこともあるからです。

　主作業とサブ作業の関係にある場合には、それぞれの作業を別々のメンバーがやるように作業者を分けるということも有効です。作業者を分ければ、主作業もサブ作業も関係なく、どのメンバーも作業は1つだけになります。

　やるべき作業を1つに集中できるように仕事のやり方を変えることができれば、起きる失敗を最小限に抑えることができます。1つの仕事に集中することができるため、仕事をより正確に、速く、上手に進められるようになります。

B. 順序に対するすぐに行う対策

❶ 仕事をやり忘れにくい順序に入れ替える

　仕事をやり忘れにくい順序に入れ替えることは、すぐに行う対策として効果があります。仕事をやり忘れにくくする手順を考える上では、銀行のATMの操作手順が参考になります。誰でも銀行のATMは利用したことがあるでしょう。

　実はこのATMにも、「順序」での失敗を防止する対策が巧妙に取られています。ATMで出金をする人にとっての主要な作業は、現金を受け取ることです。そのため、通帳や明細書を受け取るというサブ作業をどのタイミングにするかが、大切な手順の設計となります。

　仮に、先に現金を渡して、次に、通帳と明細書を渡すという手順にすると、通帳と明細書を取り忘れてしまう人が多く出てくることになります。これはATMで出金する人にとっての主作業がお金を引き出すことであるために、現金を受け取ってしまえばその人の主作業が終了してしまうからです。そのため、次に控えている明細書や通帳を受け取るというサブ作業をやり忘れてしまうのです。

　銀行のATMでは、先に通帳とカードを返却して、次に明細書が渡され、最後に現金が出てくる仕組みになっています。皆さんも、ATMに行く際には

注意してこの手順を確認してみてください。仮に、この手順が逆だったとしたら、自分はやり忘れをしないかどうかを考えてみてください。やり忘れの少ない作業手順を考える参考となるはずです。これらは顧客が大切な通帳やカード、明細書といったものを取り忘れることがないように考え抜かれた作業手順なのです。

どのようにしたらやり忘れが最も起きにくくなるのかを考え、このように作業の順序を組み立てていくことが効果的な対策です。主要作業の前後の作業を書き出してみて、その前後の作業をやり忘れることがないように、1つひとつ丁寧に作業手順を並べ替えてみるようにします。必ず効果的な作業手順が見つかります。

❷ **記憶を呼び覚ます仕掛けをつくる**

主要な作業の前後で注意力が下がりやすいことは、よく知られています。主作業に注意が向いてしまうために、サブ的な作業には注意を向けにくくなってしまうからです。そこで、1つの作業が終わるたびに、次の作業指示が出されるように、仕事のやり方を変えることができれば、間違いを減らすことができます。

具体的な作業内容までは表示できなくても、忘れやすいサブ作業の前にアラームが鳴るようにしたり、主作業を行う場所に次のサブ作業を掲示しておくことなども、仕事を確実に実行するための対策となります。これらは主作業以外にもやらなければならない作業があることを、メンバーが無理なく思い出せる工夫です。

【まとめ】 順序の法則でホンモノの原因をなくす対策例

◆ 真の対策
① 1つの作業だけに限定する
◆ すぐに行う対策
① 仕事をやり忘れにくい順序に入れ替える
② 記憶を呼び覚ます仕掛けをつくる

⑥「中断」に対する強力な対策

　ここでは、中断の法則で探し出したホンモノの原因に対する、具体的な対策の立て方について説明します。

　中断に対する対策は、作業を中断しないようにするか、中断したとしても中断した場所がすぐにわかるようにするかのどちらかです。そもそも作業を中断しないようにできるのであれば、中断による失敗を完全になくすことができます。しかし、すべての仕事を中断しないようにすることは無理なことのほうが多いため、中断した場所がすぐにわかるようにすることが大切となります。

A. 中断に対する真の対策

❶ 中断を起こさないようにする

　中断による仕事の失敗をなくすためには、仕事を中断しないようにすることです。あまりにも当たり前であるために、それができるならすでにやっているとの声もあるかもしれません。

　しかし、本当にすでにやっているかどうかをもう一度考えてみてください。最初からできないとあきらめていなかったでしょうか。これは取決めさえすれば、誰にでもできる対策です。外科医が手術中に私用電話に出ることはありませんし、手術中と知っていてわざわざ呼び出そうとする人もいません。

　しかし、筆者の知る限り、このような対策をしっかりと取っている組織は意外に少ないのも事実です。大切な仕事をするときには、呼鈴が鳴っても中断しない、電話が鳴っても中断しない、呼び出しは受けつけない、などをあらかじめ取り決めてから仕事に取りかかれば、中断による失敗をなくすことができます。

B. 中断に対するすぐに行う対策

❶ 作業を中断したら、確実に中断した作業箇所に戻れるようにする

　急な用件などで仕事を中断してしまうと、注意力が下がってしまいます。同じように、マニュアルどおりの作業から、急にマニュアル外の作業をした場合などにも注意力が下がりやすいといわれています。

　急な仕事の中断が起きたときには、その場で手順書や操作装置にマーキング（付箋紙など）ができるように、文具などを設置しておくと効果的です。

　パソコンで作業をしているのであれば、作業中の内容を画面に表示させておく、またはそういった機能がない場合には、どこから作業をスタートさせなければならないかをメールに記載して自分宛てに送信しておくことなども、単純ですが効果のある対策です。

　同じように、携帯で写真を撮っておく、パソコン画面のハードコピーを保存しておくなども効果があります。一度作業を中断しても、中断した箇所に確実に戻れる工夫をしておくことが大切です。

　私は携帯電話の動画機能を使います。中断した状態を撮影しながら、次にしなければならないことを声に出して記録しておくのです。このようにすれば、もう一度その作業に戻ったときに、どこまでが完了していて、次に何をしなければならないのかがすぐにわかるからです。中断した時間が長くても十分に対応できます。慣れるまでは億劫に感じるかもしれませんが、試してみる価値はあると思います。

【まとめ】　中断の法則でホンモノの原因をなくす対策例

◆　真の対策
① 中断を起こさないようにする
◆　すぐに行う対策
① 作業を中断したら、確実に中断した作業箇所に戻れるようにする

[7 「ルール適用」に対する強力な対策]

ここでは、ルール適用の法則で探し出したホンモノの原因に対する、具体的な対策の立て方について説明します。

ルール適用に対する対策は、どのルールに従わなければならないのかを明確にし、そのルールの内容が誰の目から見ても誤解なく容易に理解できるようにすることです。また、従わなければならないルールをすぐに確認できるようにすることも大切です。

A. ルール適用に対する真の対策

❶ ルール以外の操作はできないようにする、または無効となるようにする

ルール適用における真の対策は、ルールどおりの仕事以外をできなくすることです。たとえば、経理関係の数字のインプットをメンバーが行うような場合には、あらかじめ誤ったインプットをできないようにしておくことが、失敗を防ぎます。同時に、不正を防ぐことにもなります。

真の対策が実行できる場合には、必ず実行するべきです。先にも述べたとおり、立ち入り禁止や閲覧禁止などの掲示をする際は、本来は、物理的に立ち入りできなくしたり、閲覧できなくするべきなのです。

あらかじめルール以外の仕事はできないようにしてしまうことが、最も効果の高い対策です。

B. ルール適用に対するすぐに行う対策

❶ ルールがあることを明示する

　仕事がわかりにくい原因の1つは、ルールがあるのかどうかがわからないというものです。そもそもルールがあることを知らなければ、そのルールは守りようがありません。そのため、守らなければならないルールがあれば、まずは、そのルールを関係するメンバー全員に知らせることが何よりも大切です。

　多くの企業では、新しくルールができた場合や、変更になった場合には、社員研修を行うなどして周知を図っていることも多いでしょう。仮に、行っていないのであれば、必ずやるべきです。知らないルールは絶対に守ることができません。

　また、作業工程のルール（手順書や作業マニュアルなど）のように細かいルールについては、そのような対策が取られていないこともあります。たとえ、どんなに小さなものであっても、守るべきルールがあるのであれば、必ずそれを知らせることが必要です。そして、すべてのメンバーがそのルールを理解できるようにしておかなければなりません。そのため、どんなに小さなルールであっても、改訂があれば、関係するメンバー全員に必ず周知することが必要です。

❷ 複数あるルールは1つにまとめる

　ある仕事を行うためのルールが複数あったとしたら、どのルールに従わなければならないのかがわからずに混乱してしまうことになります。ルールの改訂などを行うと、意図するかしないかにかかわらず、このような事態がよく起きます。新しいルールに完全に統一されているのか、古いルールが生きたままなのかがわからないからです。

　また、同じ仕事に対するルールであっても、職場によって内容が違うこともあります。各職場の視点で取決めがなされるために、内容が完全には一致しないからです。しかし、両職場が共同で仕事をする場合には、別々に存在しているルールは、必ず1つに統一することが必要です。

❸ ルールから不明な点をなくす

a)　誰が見ても誤解がないようにする

　ルールに不明な点がないかを、一度は隅から隅まで調べることをお勧めします。手順書や作業マニュアルも人がつくるものである以上は、すべてが完ぺきに記載されているとは限りません。

　特にその部署特有の業務手順書などは、他部署の人が見たらまったく理解できないようなものまであります。または、さまざまな前提条件の上に成り立っているような作業手順の場合には、在籍している人にとっては自明のために、その前提条件が省略されてしまうこともあります。

　本来、手順書や作業マニュアルは、誰が見ても誤解がないように明瞭な日本語で記載されていなければなりません。できれば複数の関係者で、これらの手順書や作業マニュアルを丁寧に精読する場を持つといいでしょう。

b)　わかりにくい箇所をなくす

　読んで違和感のある箇所や、一度読んだだけでは理解しにくい箇所、すでに内容が更新されていると思われる箇所など、気がつく点をすべて洗い出し、順次、改訂することが必要です。

　このような活動を日頃の業務の中でやった経験のある読者はあまりいないのではないでしょうか。複数のメンバーで今ある手順書やマニュアルを最初から最後まで読み合わせをしてみるだけでも大きな効果が見込めます。

　思いのほか多くの疑問点が見つかるでしょう。このように疑問の多い手順書やマニュアルに基づいて仕事をしていたのかと思うと、背筋がぞっとするかもしれません。面倒だとは思わずにぜひ試してください。決して無駄になることのない作業です。

❹ 対応能力を超えたルールをなくす

　作業手順が複雑であったり、高度なこともあります。そのような場合には、たとえ正しいルールを知っていても守ることができません。

　誤差を何ミクロン以内に抑えるとか、作業1工程を何秒以内で完了させるなどのルールがあったとしても、おそらく凡人には手も足も出ないでしょう。熟練

工のような匠の職場では、このような取決めにも意味があるのかもしれません。このように知っていても従えないようなルールがある場合には、ルールそのものを改めなければなりません。作業工程が複雑すぎれば、そのルールに従おうとすることで、むしろ混乱が生じることさえあります。作業工程は単純な工程に分解することで解決できます。どのように複雑な作業工程も作業と作業の組み合わせである以上は、分解すれば単純な作業にすることができます。

よく見かける悪い例では、ある作業手順書の中に、「××については××手順書を参照のこと」などと書かれていることがあります。手順書の中で別の手順書を参照するような記載がある場合には、作業をわかりにくくする原因となります。このようなルールがある場合には、必ず1つの手順書を参照すればすべてわかるように書き換えなければなりません。

❺ そのルールとなった根拠や従わなかった場合のトラブルを知らせる

社内にあるルールには、必ず従う必要があります。従わなくてもいいルールはありません。

だからこそ、なぜそのルールが存在するのか、なぜそのルールに従わなければならないのかを、明らかにしておかなければなりません。そのルールとなった根拠や背景などをしっかりと記載しておくことで、メンバーの理解を助け、ルールに従いやすくするからです。特に、そのようなルールとなった過去のトラブルがある場合には、その経緯を説明しておくといいでしょう。

同じルールに従うとしても、なぜそのようなルールであるのか、そのルールに従わなければどのようなトラブルにつながるのかを理解して従うのと、ただやみくもに従うのとでは、仕事の成果にも大きな違いが表れます。組織としての強さの基礎も、このような基本的な土台の違いによって生じるものです。

❻ ルールや手順書がない作業には、ルールや手順書をつくる

a) 致命的な誤り

これは、ある社長のことばです。「仕事のやり方など、細かく決める必要はない。優秀な社員に任せるほうが柔軟性もあって効率もいい。それが創造力

というものだ。これこそが強い組織の条件だ」

　残念ながら、この会社はもうありません。仕事のやり方を決めないということはきわめて深刻で致命的なことです。仕事のやり方が決まっていない状態で、メンバーは本当に仕事ができるかどうか、想像してみてください。

b)　ルールや型は組織が決める

　組織の大半の仕事は、必ずあるルールや型にはまったものであるはずです。先の社長のいう創造力というのは、その上にあるほんの一部分をさしているにすぎません。会社間の競争の中で、この部分が大きな差になることは確かにあります。しかし、もっと大切なことは、その前段にあるのです。

　仕事のルールや手順は明確に決めていなければならないものです。ルールや作業手順がない仕事があれば、すぐにルールと作業手順を決める必要があります。決してメンバー任せにしてはなりません。

❼ ルールは常に参照しやすい場所に掲げる

　メンバーがルールどおりに仕事ができない原因の多くは、ルールを探すのに時間がかかってしまうからです。ルールがあることを知っていても、どのようなルールかまでは覚えていないことがあるからです。そのため、どのようなルールなのかを知らせることさえできれば、ルールどおりに仕事ができる場合がほとんどです。

　従わなければならないルールがあるならば、その仕事をしながら参照できる場所に掲示するのが最も効果的です。

　掲示することができない場合には、少なくともすぐに参照できる場所に保管していなければなりません。ルールは必ずしも紙に印刷されたものである必要はありません。パソコンやタブレット端末などで確認できるならば、それでもかまいません。メンバーがルールを参照しようとしたときに、すぐに参照できる状態にしておくことが大切です。

❽ ルールが変更になった場合には、全員での確認会を開催する

a)　必ず全員に知らせる

ルールは一度決めたら変わらないというものではありません。職場の実態に合わせて、修正や更新をしていくこともあります。しかし、せっかく仕事をやりやすく、わかりやすくするルールの変更であったとしても、それをメンバーが知らなければ、以前と何ら変わらない運用がされることになります。

このように、ルールの更新などには、注意が必要です。まったく新しくルールを設ける場合には、メンバー全員に知らせる必要性を誰もが認識していますが、ルールのマイナーチェンジのような場合には、古いルールに従ったとしても、仕事を進めることはできてしまうからです。

b) 必ず全員に従わせる

ルールが変更になったのには、必ずそれなりの理由があるはずです。どちらのルールに従ってもいいというのであれば、最初からルールの変更はしないほうがいいでしょう。新しくルールを変更することで、仕事がわかりやすく、やりやすくなるのであれば、全員がそのルールに従わなければなりません。

いかなる小さなルール変更であったとしても、ルールが変わったのであれば、メンバー全員に知らせなければなりません。可能であれば、どこがどのように変わったのかを、メンバー全員で内容を確認しながら読み合わせるのがいいでしょう。このような対応をしっかりと取っている組織では、ルール適用での失敗はほとんど起きません。

❾ ルールを適用しない場合の判断基準を明らかにする

ルールとは必ず従わなければならないものです。従わなくてもいいルールは存在しません。しかし、非常事態の場合など、ルールを無視してでも他に優先しなければならないことがあるという場合もあります。

そのような事態が想定される場合には、ルールに従わなくてもいい基準をはっきりと決めておく必要があります。いかに非常事態であろうとも、メンバーの勝手な判断や解釈で、ルールに違反することはあってはならないことだからです。

たとえば、災害時などに特例が設けられているケースもよく見られます。「震度××以上の地震が発生した場合には、××とする」などのような特例です。

このような特例はカードにしてメンバーに携帯させている組織もあります。このように、ルールに従わなくてもいい判断基準をあらかじめ明示しておくことが大切となります。

【まとめ】 ルール適用の法則でホンモノの原因をなくす対策例

◆ 真の対策

① ルール以外の操作はできないようにする、または無効となるようにする

◆ すぐに行う対策

① ルールがあることを明示する

② 複数あるルールは1つにまとめる

③ ルールから不明な点をなくす

④ 対応能力を超えたルールをなくす

⑤ そのルールとなった根拠や、従わなかった場合のトラブルを知らせる

⑥ ルールや手順書がない作業には、ルールや手順書をつくる

⑦ ルールは常に参照しやすい場所に掲げる

⑧ ルールが変更になった場合には、全員での確認会を開催する

⑨ ルールを適用しない場合の判断基準を明らかにする

8 「動作」に対する強力な対策

ここでは、動作の法則で探し出したホンモノの原因に対する、具体的な対策の立て方について説明します。

❶ 環境に原因があるケース

正しく認識し、判断したとしても、正しい行動ができるとは限りません。この大きな原因は、その行動や動作を妨げる障害があるからです。たいていは、その動作をするための環境が整っていないなどの原因があります。作業環境を整えるためには、何がその作業を妨げているのかを見つけなければなりません。

発見されたホンモノの原因をなくすことで、動作しやすい環境にしていく必要があります。単純ですが、整理整頓や清掃などの対策も大切です。たとえば、同じような装置が隣り合っている場合には、操作間違いをしやすくなります。間違いの起きにくい（または絶対に起きない）装置の配置に変更しなければなりません。

❷ メンバーに原因があるケース

正しい動作を行えない原因がメンバーの側にあることもあります。特に熟練した技術を必要とする仕事では、訓練不足や技術不足などによって、その仕事をそもそも正確に行うスキルがメンバーの側にないということもあります。このような場合には、再訓練を行うなどの対策が必要です。

また、メンバーが睡眠不足や疲労、ストレスなどによって、心身の機能が落ちている場合には、正確な仕事ができなくなってしまいます。このようなことはそもそもあってはならないことですが、どうしてもやむを得ない場合には、一定間隔で休憩をはさんだり、職場レクリエーションを開催するなども効果のある対策です。

A. 動作に対する真の対策

❶ 誤った操作や作業をできなくする

　誤った動作をしてしまったとしても、失敗にはならないようにしてしまうことが真の対策です。誤った動作や誤った操作は、そもそもできないようにしてしまうのです（先に述べた機械的な制約による対策と同じです）。

B. 動作に対するすぐに行う対策

❶「××しにくい」をなくし、
　メンバーが無理をせずに仕事ができるようにする

　「××しにくい」とは、見にくい、聞き取りにくい、動きにくいなどのように、仕事をやりにくくする原因のことです。これらの原因があると、仕事がやりにくいだけでなく、メンバーの動作を妨げるなど、仕事の失敗につながります。

　メンバーの正常な動作を妨げない環境を整える必要があります。具体的には、メンバーが仕事をしやすいように、十分な明るさを確保したり、騒音のない空間にしたり、動きやすい十分な広さを確保することなどです。

❷ 清掃・整理整頓を行い、注意の分散を防ぐ

a)　強い組織の必須条件

　社員が朝から一生懸命に周囲の掃除から始めるという会社で、弱い会社を聞いたことがありません。それくらいに清掃と整理整頓は、組織の強さにとって大切なものです。もちろん、昔からいわれているように、掃除をすることで、社員の心を清めたり、感性を研ぎ澄ませたりするという効果もあるのかもしれません。しかし、何よりも、モノが整理され、整った仕事環境でこそ、組織としての強さを十分に発揮することができるからです。

　モノが整理されていなければ、どこに何があるのかがわからずに混乱することもあります。仕事に集中できないこともあります。注意が散漫になれば、仕事の失敗にもつながります。

b) 日頃からの取組みが大切

　日頃から職場の整理整頓に努めることが大切となります。特に、備品や道具類は毎日、出社後と退社前に、すべての道具が揃っているかを確認することが必要です。

　ある職場では、毎朝、デスクの清掃をしてから仕事に取りかかるという取決めをしたことで、仕事の失敗が減り、仕事の生産性も上がりました。デスクを清掃することが習慣となれば、自然と周囲に落ちている小さなゴミにも目が向くようになります。メンバーが周囲の清掃を心がけるように変わっていきます。

❸ 操作対象や道具の配置をわかりやすく整理する

　仕事に利用する備品や工具はわかりやすく整理することが必要です。特に、工具類は、紛失などによって致命的な事故につながることもあります。何がどこに、いくつ保管されているのかを、誰の目から見てもわかるようにしておかなければなりません。いつもの場所にあるはずのものがなければ、必ずメンバーが気づけるように道具の配置をはっきりと決めることが必要です。

　工事現場などで利用される工具の形をした工具入れなどは、何が使用中で、何がしまわれていないのかを、誰が見ても一目瞭然に判断できる仕組みです。医療現場でも手術に使用するメスなどの道具も、このように管理されているといいます。

❹ メンバーの健康状態を確認できる工夫をする

　仕事の正確さや仕事の効率は、メンバーの健康状態（風邪、寝不足、疲労など）にも左右されることがあります。また、1人のメンバーの健康状態が、他の仕事に影響することもあります。そのため、始業前に、健康状態を確認できるようにする工夫もあるといいでしょう。簡単なチェックシートでかまいません。

　最も簡単な方法は、自己申告制です。メンバーが自己申告できることを前提とすれば、メンバーが体調不良を申告できる場を設けておくだけで効果があります。仮に、メンバーが体調不良を言い出しにくい職場だとしたら、それは

また別に解決しなければならない問題です。

　筆者の知るおもしろい例では、飲み会の翌日に二日酔いのチェックをしている営業職場がありました。二日酔いだと申告すると、その日1日は顧客のところに訪問することができないそうです。しかし、仕事のメリハリも生まれ、成果も上がっているといいます。

❺ 流れ作業では、一呼吸置く作業手順にする

　馴れによって流れ作業になっている仕事はないでしょうか。馴れることで仕事を流れ作業のようにこなせることは、仕事を正確に、速く、上手に行うためには大切なことです。しかし、1つひとつの作業が意識に上ることもなく、無意識に処理されているとしたら問題です。

　そうならないための1つの方法は、作業と作業の間に一呼吸置くようにすることです。一呼吸置けば、無意識の状態から意識的な状態に切り替えることができます。必ず一呼吸置くように、あらかじめ作業手順として決めてしまうこともできます。さらに、作業と作業の間に、強制的に一呼吸置くことができるように、仕事の流れに沿った工夫をすることもできます。たとえば、ある作業から別の作業に移るときに、ヒーリング音楽が流れるようにしておいたり、ある作業からある作業に移る合間にシステムが再起動するように（つまり、連続して作業ができないように）しておくことなども効果的な対策になります。

❻ 作業しやすい姿勢を取れるようにする

　仕事の正確さや生産性を高めるためには、仕事をしやすい空間を整えることも大切です。特に、無理な姿勢での仕事は、仕事のやりにくさの原因となり、メンバーに余計なストレスがかかってしまいます。

　無理な姿勢で仕事をしなければならない環境がある場合には、メンバーがやりやすい姿勢で仕事ができるように変える必要があります。どうしても通常の作業場所ではそのようなスペースを確保できない場合には、その仕事をするときにだけ、空き会議室を利用することなども有効な対策になります。

【まとめ】 動作の法則でホンモノの原因をなくす対策例

◆ 真の対策

① 誤った操作や作業をできなくする

◆ すぐに行う対策

① 「××しにくい」をなくし、メンバーが無理をせずに仕事ができるようにする

② 清掃・整頓を行い、注意の分散を防ぐ

③ 操作対象や道具の配置をわかりやすく整理する

④ メンバーの健康状態を確認できる工夫をする

⑤ 流れ作業では、一呼吸置く作業手順にする

⑥ 作業しやすい姿勢を取れるようにする

COLUMN 03

7つの法則で人事制度も変わる

　7つの法則は、直接の仕事内容だけでなく、人事評価なども改善提案の対象になります。強い組織の「場」ができ上がった後であれば、何を見てほしいか、何を評価してほしいかというメンバーの要望に応えることも、組織の場を強くすることにつながります。

　筆者もかつて、メンバー1人ひとりに対して、何を見てほしいか、何を評価してほしいかを聞いて回り、新たな人事評価制度をつくり上げた経験があります。営業部門と経理部門では当然に評価してほしい項目は異なります。定型的なルーティンワークをメインとする仕事と、非定型的で創造性の発揮をメインとする仕事とでは、評価してほしい項目は当然異なるからです。仮に、これを一律に評価しているとしたら、本来比較できないものに優劣をつけることになるため、メンバーには不満が溜まっているかもしれません。

　通り一辺倒な評価制度の下では決して評価することができなかった評価項目についても、メンバーに「ここを見て評価してほしい」と申告してもらうことで、評価できる制度に変えることができました。これらの評価項目の中には、一般的には、とても褒められないような項目もありましたが、ある特定の仕事に対してだけは強烈に強みを発揮する評価項目だということを発見することもできました。

　このようにメンバーの個性を尊重し、その個性に合った仕事を与え、その仕事を評価できる仕組みをつくることで、組織全体をさらにレベルアップさせていくことができます。

Chapter 4

「強い組織」を実現する
目標の立て方・実践の仕方

[1 結果を出せる正しい目標の立て方]

　強い組織をつくるためには、まず組織の「強い場」をつくらなければなりません。そのための手法として7つの法則について説明してきましたが、ホンモノの原因を見つけ対策を立てたとしても、それを実行・実現するためには、具体的な目標が必要です。どのような仕事のやり方に変わるのか、どのような職場に変わるのかを、誰もが鮮明にイメージできる形で示したものが「目標」です。

　目標は、具体的で、誰もが同じイメージを描け、達成可能で、かつ、期限がなければなりません。これらのうちのどれか1つが欠けても、目標ではありません。

　よく、目標とスローガンが混同されることがありますが、目標はそのようにワンフレーズで言えるものではありません。後述しますが、目標とスローガンとは似ても似つかないものです。

　本書で紹介する目標の立て方は、皆さんがこれまでに持っていた目標のイメージとは異なるかもしれません。しかし、これが成果につなげるための本当の目標の立て方です。

A. 目標が成否を決める

❶ 能力や才能だけでは勝てない

　どんなに能力や才能があったとしても、またどんなに技術に優れていようとも、それだけで勝負の勝敗が決まるわけではありません。ここで大きな役割を演じるのが目標です。目標の持ち方の違いだけで、勝敗が分かれることもあります。それほどに目標は重要であり、強烈なものです。

　たとえば、第二次世界大戦において日本が敗戦した理由は多くの書物で語

られていますが、その中に興味深いエピソードがあります。日本軍の個人の技能は、米軍をはるかに凌ぐレベルにあったというものです。日本軍はとても勤勉で、休むことなく射撃の訓練を繰り返し、その命中率は神技といえるほどのレベルにまで達していたといいます。この目標は、個人の能力を極限まで高めることで射撃の失敗をなくすというものです。

一方の米軍は、全く違う目標を持っていました。日本軍のように達人を養成するのではなく、そのような達人がいなくても射撃に失敗しないようにするという目標です。具体的には、射撃の命中率が低い軍人であっても、敵を撃退できるような砲弾を装備することや、神技的な視力や感性がなくても敵を容易に発見できるレーダーを持つことなどです。

❷ システムで失敗を防止する

人間の能力や努力に頼った失敗防止策と、そもそも失敗が起き得ないような環境やシステムをつくり上げてしまう対策とでは、どちらが優勢であったかは結果を見れば明らかです。このように「目標」は非常に重要であり、その違いが勝敗を大きく左右するのです。

これは一例にすぎませんが、目標をどのように定めるかがとても重要だということを端的に示す例です。本書で繰り返し述べてきたように、強い組織をつくるためには、その土台となる「強い場」をつくることが大切であり、そのためには、誰にとっても、仕事をわかりやすく、やりやすくしなければなりません。これが本当に強い組織をつくるための基礎になります。

従来からいわれているように、個人のスキルを伸ばすことやチームワークを高めることが正しい目標の方向性ではありません。最初は具体的な成果が見えにくいこともあります。そのため、本書の方法に自信が持てなくなると、別のやり方を試したくなることもあるかもしれませんが、絶対に目標の方向性をブラしてはいけません。本書のやり方を信じて、まず全力を注ぐようにしてください。必ず組織の「強い場」ができ上がります。

B．メンバーの能力に依存する目標を立ててはいけない

❶ 失点ゼロのゴールキーパー

　先ほどの例からもわかるとおり、いかに努力してスキルアップしたとしても、メンバーの能力に頼っている限りは、本当に強い組織をつくることはできません。また、メンバーの努力に頼っている限りは、目標を達成できたとしても、本当に強い組織を実現したことにはなりません。個人の能力を軽視するわけではありませんが、誰にとっても仕事がわかりやすく、仕事がやりやすい組織をつくるということが目標であるため、個人の能力を高めるというアプローチでは、目標を達成することはできません。

　たとえば、サッカーのゴールキーパーは、どんなに技能を高めたとしても、必ず失点するリスクを抱えます。ここで、サッカーのルールを考えなくてもいいのであれば、ゴール自体を何らかの障害物で覆うことで、誰からもゴールされることのない「強い場」をつくり上げることができます。つまり、失点という失敗を、絶対に起こさなくすることができます。

❷ 失点ゼロはビジネスなら可能

　現実には、スポーツのルールがあるために、このような目標を達成することはできませんが、職場では、あえて失点する可能性を残しておかなければならないという制約はありません。このような目標がルール違反になることはありません。そうであるならば、そもそも失敗を完全になくすことを目標とするべきです。

　日本では古くからの体質で、努力や研鑽が美徳とされてきた側面があります。個人の能力や技能を高めることは確かに大切なことです。しかし、強い組織をつくる目標としては、必ずしも最良の目標ではありません。

C．新しい仕事のやり方をつくる目標とする

　第2章の医療事故の例でいえば、誤ったボンベを接続できなくすることが、

正しい目標の方向でした。なぜならば、このような目標を達成できれば、ボンベを取り違えたとしても、誤った接続をすることはできないからです。

　そもそも、最初から失敗が起きないような仕組みにすることが正しい目標の立て方です。どのような目標にしたらホンモノの原因を完全になくすことができるのかを考えることが大切です。ホンモノの原因を完全になくすためには、必ず今までとは違う仕事のやり方に改める必要があります。

D. 目標は具体的でなければならない

　目標は、きわめて具体的でなければなりません。本当に目標を達成したかどうかは、目標が具体的でなければ検証のしようがないからです。

　たとえば、「操作ミスをなくす」という目標があったとします（本書の定義では、これは目標ではありません）。このとき、結果として失敗が1件起きたという場合には、どのように評価をするべきでしょうか。

　まず、「操作ミスをなくす」というのは、失敗をゼロにするということなのかがわかりません。

　もともと数件しか発生しない失敗であるなら、ゼロにしようという意味だと解釈すればいいのですが、これが数十件や数百件発生している失敗だったとしたらどうでしょうか。この目標が、失敗ゼロをめざすものなのか、現状から減らすことをめざすものなのかで、人によって解釈が異なります。

　そのため、減らそうという目標だと解釈した人にとっては、目標達成となります。しかし、ゼロが目標だと解釈した人にとっては、目標は未達成です。このような目標を立ててしまうと、結果が出た後に、検証をすることができません。さらに前進するための生産的な対策にもつなげることができません。これでは最初から「目標」などなかったのと同じことです。

　さらに、このような目標では、操作は正しかったが、結果が失敗となってしまったという場合にも、どう評価したらいいのかがわかりません。目標が「操作失敗をなくす」なのですから、結果は失敗でも、操作は正しかったのだから失敗には数えなくてもいい、だから、失敗ゼロの目標は達成ではないか……。

これらの問題が起きるのは、目標に具体性がないからです。具体的な目標を立てるためには、次節で述べるように、達成されたときの状態を鮮明にイメージできるようにしなければなりません。それもメンバー全員が同じ解釈をし、同じ理解ができるイメージです。そのイメージが鮮明に描き出せている目標であれば、このような問題は絶対に起きることがありません。

E. 達成された姿を鮮明に描く目標でなければならない

❶ 達成可能なものが目標と呼べる

前述のとおり、曖昧なものは目標ではありません。方向性しか示していないものや、具体性のないスローガンなどがこれにあたります。たとえば、「××に向かって努力する」、「××を推進する」などです。これでは何ができたら達成なのかが誰にもわかりません。

目標は達成することができるから目標なのです。そのためにはどこまで進んだら目標達成になるのかが示されていなければなりません。また、目標に向かってがんばったのであれば、目標と比較してその結果を検証することができなければなりません。結果を検証するためには、目標と、実際の行動の結果が1つひとつ比較できなければなりません。

❷ 検証すべきは「目標が達成されたか」

ここでよく起きる間違いは、対策そのものを検証してしまうことです。目標が達成されたかではなく、対策に「何か効果があったのか」を検証してしまうことです。たとえば、売上を10％上げるという目標であるにもかかわらず、対策の行動をとったためにコストが××％減っている、などというものです。

この間違いが起きる根本的な原因は、目標を曖昧に掲げているにもかかわらず、膨大な対策結果のデータを集めてしまうからです。このように結果のデータばかりが詳細にある場合には、往々にして分析のための分析に陥ることになります。

これは、何もしていないことと同じです。なぜならば、具体的にどのような

行動をするのが正しいのかが、そもそも目標として詳細に決まっていなかったわけですから、結果としてどのような傾向があろうとも、それは目標に沿ったものなのかどうかを判断することはできないからです。

❸ 目標とスローガンを混同しない

　目標の中に、何がどのように変わったら成功なのかを詳細に決めていなければ、決して結果を検証することはできません。このことは肝に銘じておかなければならないことです。結果データだけを分析することで、検証した気になってはいけません。結果と比較できるだけの細かさで、目標も定めておかなければならないのです。

　目標をスローガンのようなものと混同していると、強い組織をつくるための目標の立て方は、冗長でまどろっこしく感じるかもしれません。しかし、本当に達成するための目標とは、細部にわたって1つひとつ丁寧に定めたもののことをいいます。これはとても大切なことです。

F. 達成できる目標でなければならない

　目標は、決められた期限までに達成可能なものでなければなりません。それゆえに、期限までにどのような状態になっていなければならないのかを、具体的に描く必要があります。

　目標とスローガンはまったく別物です。スローガンとは、目標を達成するために、士気を鼓舞したり、方向性を1つに束ねるなど、目標を達成するための1つの手段にすぎません。ですから、スローガンは決して目標にはなり得ないものです。目標とスローガンが同じになるということも絶対にありません。目標とスローガンの違いをここまで強調するのは、それほどまでに両者を混同する人が多いからです。これは典型的な目的と手段の混同です。

　また、どうしてもこのようになりたいという「思い」も目標ではありません。思いはもちろん大切ですが、それだけでは目標にはなりません。思いだけであるならば、それは単なる夢と同じです。夢を達成可能なレベルにまで具体的に

ブレークダウンしたものが、目標になります。目標は必ず達成できる形で表現されていなければなりません。

G. 必ず期限を設ける

目標を定めるときに、もう1つ見落とされることの多いものが「期限」です。いつまでに達成しなければならないのかが示されていないものがあります。これは、先の目標をスローガンと混同している場合にもよく起きます。

時間無制限でいつか達成されるかもしれないというのでは、目標とはいえません。何事も有限の時間の中で達成していかなければならないからです。期限のないものを目標と呼んではいけません。

さらに、1つの目標の中にいくつかの階層があることもあります。たとえば、目標を「AとBをすることで、Cという状態にする」と、定めたとします。この中のAとBは行動です。具体的な行動として、Aは×月までにする、Bは×月までにする、と明示しなければなりません。同じように、それらの行動の結果として、Cという状態を実現する期限は、×月までと明記するのが正しい目標です。別々の階層の目標に対して、すべて期限を明記します。

H. 何を目標としないかも明らかにする

❶ 目標達成のために何を犠牲にするのか

目標を定める際には、達成する目標にばかり目が向いてしまうものです。達成すべきことが目標なのですから、達成する必要のないものは目標でも何でもありません。本来はそれでいいはずです。しかし、目標ではないからといって、それを曖昧にしておいてもかまわないかといえば、実はそうではありません。達成する必要がないものについても、はっきりと定める必要があります。「何を達成しないか」ということは、達成する目標と同じくらい大切なものだといえます。

なぜならば、ある一方が改善しても、もう一方は改善しない、または悪化す

るということがあるからです。世の中の多くはトレードオフの関係にあります。つまり、一方を立てれば、もう一方が立たないということがよく起きます。むしろ、何かを達成するために、何かを犠牲にしなければならないことのほうが多いかもしれません。この場合には、あらかじめ「××の改善はしない」「××の改善はするが、××が悪化することは許容する」と決めておかなければなりません。このようにしっかりと決めていなければ、せっかく目標を達成しても、さらに別の問題を抱えることになってしまうからです。

❷ 合意を得て批判をなくす

たとえば、「人間が作業をすることで失敗が起きているのだから、すべて機械に置き換えることで、失敗がなくなった」というケースを考えてみましょう。

確かに、失敗をなくすという目標は達成しています。しかし、次のような批判は当然起こり得るでしょう。「機械に置き換えてしまったから、必要な人員数が減って、解雇者が出てしまったではないか。一部の職員が職を失った責任をどう取るつもりなのか」「機械に置き換えるのに、こんなにコストがかかるとは聞いていなかった。多少の失敗はあっても、人手でやったほうがよかったのではないか」などの批判です。

後になってからこのような批判をされたのでは、それに対応するだけでも、相当な労力と時間を要してしまいます。労力と時間を浪費するだけならまだいいですが、改善した対策がすべて無になるということも現実には起きています。これではせっかく目標を達成しても、失った時間と労力の上に、さらに嫌な思いしか残らないという結果になってしまいます。

このように、目標を具体的に決めることはきわめて大切なことですが、それと同じくらいに、何を目標としないかもあらかじめ決めておく必要があります。ここまでの目標を全員で合意できていれば、もう批判の起きる余地はありません。混乱を招くこともないでしょう。ここまですべて決めて、はじめて目標といえます。

I. 目標は全員で合意する

❶ 1つの目標、多くの解釈──目標の不一致

　目標について多くの議論が巻き起こるのは、目標（の解釈）が立場によって異なるからです。同じ目標に向かっているようで、実はバラバラなことが多いものです。目標が一致していなければ、その目標を達成する手段（対策）もまた一致するはずがありません。仮に、目標が一致していないのに、手段（対策）が一致しているとすれば、それは単なる偶然に過ぎません。同じ取組みをしているのだから、同じ目標に向かっているに違いないというのは、勝手な思い込みに過ぎません。

　目標の不一致は、後々になって、なぜそのような対策を打ったのかというような、打った対策が批判されるという形で表面化します。そのため、対策に問題があったと勘違いしてしまうことが多いものです。しかし、これらは目標に問題があるから起きるのです。

❷ 目標の不一致の例

　たとえば、「よい教育を受けさせたい」という親の目標はよく耳にします。しかし、関係者全員がこの目標で本当に一致しているかを考えなければなりません。母親は、名門私立校に入れることで「よい教育」を受けさせたいと考えているのかもしれません。一方の父親は、自然豊かな林間学校に入れることで「よい教育」を受けさせたいと考えているのかもしれません。

　すると、一見、目標が一致しているように見えて、子供の育て方について激しい論争が巻き起こることになります。母親は隙間時間さえあれば受験勉強に専念させようと努力することでしょう。父親は隙間時間さえあれば外で泥んこになりながら遊ばせるように努力するでしょう。これが、目標の違いの表面化です。なぜそんなやり方をするのか、なぜもっとちゃんと教育しないのか、などと対策（手段）について批判し合うことになりますが、本当は「よい教育を受けさせたい」という目標が、そもそも一致していないことが問題なのです。

　そのため、どのような新たな対策を講じようとも、これらの論争が収まるこ

とはありません。目標が異なっているために、お互いにどんなに納得がいくと思われる対策をとったとしても、必ず不満が生じることになります。これを避けるためにも、目標は具体的に詳細に描く必要があります。

❸ 合意と共有は違う

また、合意とよく間違われるものに「共有」というものがあります。よく、「目標を共有しました」「方針を共有しました」と聞きますが、これにはどのような意味があるのでしょうか。私には、そういう事実があることを関係者が確認しました、という程度にしか受け取れません。

1つの目標に向かうためには、その目標に関係者全員が「合意」していなければなりません。合意とは、関係者全員の意思が一致することであり、その目標を達成することを関係者全員で約束することです。

J. 目標の失敗は対策や努力では挽回できない

❶ 手段の目的化に注意

ある目標を達成することを約束したとしても、いつの間にかその目標が忘れ去られてしまうこともあります。対策がひとり歩きしてしまうことがよく起きます。典型的な手段の目的化です。

対策を実行することが目標となってしまうと、いかにその対策を実行させるかということに固執するようになってしまいます。この負のループに陥ってしまうと、すでにその対策では目標に近づけないことが明らかになっていたとしても、従来の対策が実行され続けることになります。

❷ 曖昧な目標が手段の精緻化を招く

手段を精緻化することにこだわり過ぎれば、皮肉にも、本来の目標を見失いやすくなってしまいます。その最も大きな原因は、目標の曖昧さです。漠然と「組織を強くしましょう」程度の目標しか立てていなければ、打つべき対策は無数にあります。そのため、対策を精緻にするという迷宮に迷い込んでしま

うことになります。目標が具体的であれば、打つべき対策も必ず具体的になります。

その分野に詳しい人ほど、手段に固執する傾向があります。それが仕事だからといってしまえばそれまでですが、手段を細分化・精緻化することが目的となってしまっては、正しく「目標」を達成することは難しくなるでしょう。いくら外見の整った美しい手段であっても、目標が達成されなければ意味がありません。いくら理論的に立派な手段でも、目標が達成される手段でなければ意味はありません。素朴であっても、目標が達成される手段は美しいものです。

❸ 達成の要は「手段」ではなく「目標」そのもの

目標はかけ声やスローガンとは決定的に違います。目標が間違っていれば、それを達成する対策も必ず間違います。皮肉にも、目標を間違えてしまえば、そこにたどり着く対策が正しければ正しいほどに、結果を間違うことになってしまいます。

目標が間違っていれば、どんなに立派な対策を講じても、挽回することはできません。目標が間違っていれば、どんなにメンバーが努力しようとも、努力で乗り越えることはできません。目標の失敗は、対策や努力では取り返すことができないものです。

【まとめ】「目標」が備えるべき要件

① メンバーの能力に依存して達成するものでないこと
② 新しい仕事のやり方として描かれていること
③ 具体的であること
④ 達成された姿が鮮明に描かれていること
⑤ 達成できる目標であること
⑥ 期限があること
⑦ 何を目標としないかが明らかになっていること
⑧ 関係者全員で合意されていること

[2] 「7つの法則」を導入するための手引き

A.「型」として導入する

❶ 型を身につけることが上達の早道

「型から入る」という言い方をすることがありますが、物事を素早く学ぶためには、この「型から入る」ほうが効果的なことが多いものです。たとえば、武道を学ぶときにも型があります。

では、なぜ型を学ぶ必要があるのかといえば、型を身につけることが上達の早道だからです。組織を強くすることに置き換えれば、7つの法則がこの型にあたります。7つの法則を正確に使えるようになることが、組織を強くする早道です。

若干本題からはそれますが、よい参考となりますので、武道の型について簡単に紹介します。武道には型稽古というものがあります。決められた型の動きを忠実に再現する稽古のことをいいます。ここで大切なのは、その型自体が実践的かどうかということではないということです。型稽古では、その型が役に立つかということは一切考えずに、型どおりの動きをすることに全神経を注ぎ込みます。この型稽古を繰り返すことで、型稽古を始める前には不自然に思えた体の動きも、いつの間にか自然なものへと変わっていきます。

このとき、体にも変化が表れ、型どおりの動きをしやすい体に変わっていくのだそうです。この変化は基本に忠実になる変化です。一見して、いくら高度な動きを身につけたとしても、基本がしっかりしていなければ、それは見せかけだけのものになってしまいます。体の変化を伴って型の動作をマスターすることは、型を完全に身につけたということです。そして、このことが実践において強さを発揮する原動力となります。まさに、型を稽古することの意味は、

ここにあるといえるでしょう。

❷ 強い組織の「場」をつくるための型

　強い組織の「場」をつくるための型は、7つの法則です。おそらく、読者の中には、単純すぎて疑問を抱かれる方もいるかもしれません。紹介した事例が簡単なために、高度な課題への応用に疑問を持たれる方もいるかもしれません。しかし、そのような疑問を抱かずに、7つの法則を実践してみてください。それが基本を身につけるということであり、型を身につけることです。型として導入することは、組織への導入をしやすくします。効果も早く見られるようになります。

　7つの法則は、仕事をわかりやすく、やりやすくするために、どのような視点で組織を点検すればいいかということを、1つの型にまとめたものです。最初は思うように使いこなせずに疑問を感じることがあるかもしれません。しかし、そこで疑いを持って立ち止まったりせずに、我慢して型を身につけるようにしてください。この型をメンバーが忠実に身につけることができれば（共通言語として定着すれば）、必ず組織の「場」が強くなるのを実感できます。

B. メンバーと同じ目線で導入する

❶ 正確さや緻密さだけでは人は動かない

　7つの法則は、可能な限り単純化した方法論です。ここまで単純化した理由は、導入する推進者も、導入を受け入れるメンバーも、常に同じ目線で活動できることを念頭に置いたからです。だからこそ、「7つの法則」を組織の共通言語とすることを強く勧めているのです。

　ある会社では、有名なコンサルティング会社に依頼して、難しい分析手法を駆使して、組織の抱える問題点を探し出してもらったそうです。しかし、現場では、これらの問題点にまったく対処しなかったといいます。発見された問題点がどのようなものであったかはわかりませんが、どんなに苦労して見つけても、どんなに立派な報告書をつくっても、誰も対処しないのであれば何の意

味もありません。このように分析結果がお蔵入りしてしまうというケースは、実は非常によく起きています。

この原因を皆さんはどのように考えるでしょうか。この会社では、社外の専門家を連れてきたために納得感がないのではないかと考えたそうです。そこで、専門スキルを持つ専門家を社内で養成し、再度、問題発見に努めたものの、やはり問題点はお蔵入りしてしまったといいます。

❷ 同じ目線でないと受け入れてもらえない

この原因を一言で片づけることはできませんが、考えられる最も大きな原因は、この組織には共通言語がなかったからだと思います。このような取組みをする場合には、必ずそれに取り組むメンバーと同じ目線で導入しなければなりません。いかにありがたい高度な分析であっても、同じ目線（共通言語）でなければ、理解されることも受け入れられることもないからです。「7つの法則」がシンプルなのは、導入する人が第三者ではなく、当事者であることを大切にしているからです。高度で精緻な分析結果が、組織を変えるとは限らないのです。

発見された問題点をお蔵入りさせないためには、導入当初は、改善案が出されたら確実に実行されるように入念な配慮をすることも大切です。改善案の内容は、7つの法則に照らし合わせることで、誰でも理解と納得ができるものです。

最初のうちは、改善案を出しやすいような雰囲気づくりを演出し、出された改善案は全員が納得するように確認の場を設け、確実に改善案が実行されるようにサポートしていくことが定着への早道です。このような活動を続けていけば、7つの法則を確実に定着させることができます。

C. 最初から7つの法則のすべてを導入する必要はない

❶ 法則を1つだけ導入する

7つの法則は、すべてを揃えることで、漏れのない強靭な組織をつくることができます。しかし、それぞれの法則を独立した法則として扱うこともできま

す。導入当初は漏れがないことよりも、まずは定着させることのほうが大切です。私がよく使う方法は、7つの法則の中のどれか1つ（たいていは、五感の法則が一番わかりやすい）を選んで、導入することです。使う法則は1つだけですから、メンバーにこの法則に照らして、仕事のわかりにくいところ、やりにくいところはないかを探してもらうことは、比較的簡単に行えます。

❷ 1つずつ追加する

たとえば、月ごとに、1つずつ法則を追加していくのもいいでしょう。最初の月は「五感の法則で職場を見渡そう」、2ヵ月目は「伝達の法則で職場を見渡そう」などとしていけば、7ヵ月ですべての法則を導入することができます。1つの法則に絞ることで、物事をさらに単純化することができるので、誰でも簡単に改善案を出すことができます。

また、そこから出される改善案は、誰もが理解できるものになっているはずであり、納得できるものになっているはずです。そして、その改善案を実行すれば、確実に今よりも仕事がやりやすくなるはずです。このようにしてつくり上げた組織の場は、メンバーが入れ替わってもそのまま残り続けます。常に進化し続け、強くなり続ける組織をつくることができるのです。

❸ 1つの法則をピックアップする

導入が一段落したら、月替わりでも週替わりでもいいので、ある1つの法則をピックアップするとより共通言語としての役割が定着していきます。たとえば、「今月は××法則の強化月間です」「今週は××法則の強化週間です」などとするのです。このような活動を繰り返していけば、途中から入ってきた新しいメンバーでもすぐに対応できます。新たなメンバーもその時に掲げられている1つの法則に集中すればいいことになるからです。

このように、7つの法則をすべてセットで導入するのではなく、法則を1つひとつに分けて導入していくといいでしょう。

ただし、メンバーが7つの法則の全体像を理解しているほうが導入はスムーズに進みます。そのため、メンバーに最初に全体像の説明をするようにすると

よいでしょう。

D. メンバーに受け入れられる導入の仕方

7つの法則をうまく導入するために大切なことは、目標がはっきりしていることです。何のために7つの法則を導入するのか、「7つの法則」を活用することで、何をめざすのか。これは本章の最初に説明したとおりですが、可能な限り、具体的に詳細に描き出すことが大切です。その上で、以下のような導入を進めると、効果的に強い組織をつくり上げることができるようになります。

❶ 少人数で試してみる

人は自らの意思で動くことを好む生き物です。他人からやらされる仕事はなかなか受け入れることができません。そのため、まずは、7つの法則の全体像と職場に導入することの利点を理解してもらい、納得してもらわなければなりません。これには、講義形式での説明も有効です。最初は何も知らないわけですから、たとえ一方通行の説明になったとしても、最低限の知識は伝えるようにしなければなりません。

次は、なるべく早い段階で、模擬的に7つの法則を使ったグループワークなどをするようにしましょう。1グループ5名程度で、実際に7つの法則を使って、仕事をわかりにくく、やりにくくしているホンモノの原因を探してみるのです。複数のグループをつくれれば、それぞれのグループに別々の法則を割り当てるのもよいでしょう。あるグループは「五感」、あるグループは「伝達」などと決めて、各グループでその法則からの改善提案を探してもらうようにします。これまでの経験では、ホンモノの原因が1つも見つけられなかったというグループは、1つもありませんでした。安心して進めてください。中には、この練習段階からアッと驚くような改善提案が出てくることもあります。

❷ 使いやすいツールを揃える

7つの法則を活用することの効果については、講習やグループワークを通じ

て十分に理解してもらうことができると思います。しかし、それだけではメンバーが率先して7つの法則を活用するようにはならないでしょう。なるべく、7つの法則を活用するハードルを下げてあげる配慮が必要です。

そのためには、7つの法則を使いやすいツールにしてしまうことが効果的です。このツールの素材は本書の中から抜粋すれば十分です。法則名と職場を見渡す着眼点などを箇条書きにした一枚紙を用意するだけでも十分な効果を期待できます。

図表17　簡易なチェックリストの運用

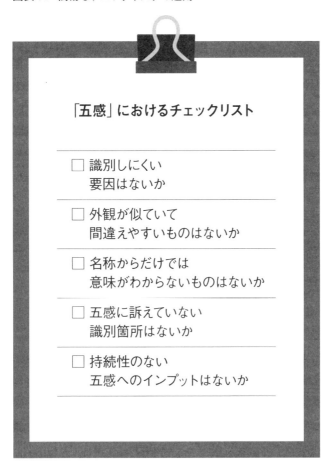

たとえば、五感の法則から導入する場合には、五感におけるホンモノの原因を探すための処方箋を一覧表にして、メンバー全員に配布するのです。この一覧表に照らし合わせながら職場を見回すだけでも、最初のうちは多くのホンモノの原因を見つけることができるでしょう。同じように、具体的な対策案に照らし合わせることで、誰でも具体的な対策を提案できるようになります。
　これらを７つの法則１つひとつについて着実にやっていけば、メンバー全員が７つの法則を使いこなせるようになります。この段階になったら、７つの法則すべてをチェックリストとして職場に掲示しておくと、より効果を高めます（図表17）。

❸ 提案しやすい環境を演出する

　７つの法則を導入して、強い組織をつくり上げることができるかどうかは、７つの法則を共通言語として定着させることができるかどうかにかかっています。このとき、最も大切なことは、何を話しても否定されたり非難されたりすることはないという安心感です。７つの法則を共通言語とすることの意味は、まさにここにあります。
　せっかくメンバーが改善提案を出しても、それを周囲が理解しなかったり（または、理解できなかったり）、批判したりすれば、強い組織をつくり上げていくための前進を妨げてしまいます。メンバーが７つの法則に則って、正しい改善提案をしている限り、それを脅かすようなことがあってはいけません。
　７つの法則が共通言語として定着していれば、メンバー同士がお互いに賞賛し合えるようになっています。あの改善はよかった、仕事がやりやすくなった、次はこんな提案が出せればいい、などといった声が聞かれるようになります。このようにお互いが仲間に対してフィードバックを行うようになれば、７つの法則によって強い組織の場をつくる活動は、飛躍的に進んでいくようになります。

COLUMN 04

奇をてらう者を
もてはやしてはならない

　本書で紹介してきた取組みは、地味に思えるかもしれません。しかし、何事も当たり前のことを当たり前にやり切ることが大切です。これを抜きにして、強い組織をつくることはできません。

　この愚直な活動は、組織の中で奨励されてこそ意味のある活動になります。この活動をメンバーがツライと感じるような雰囲気をつくってはならないのです。そのためにも、組織の中で、この活動を奨励し続けていくことが大切です。

　ここで気をつけなければならないのが、いわゆる「奇をてらう」メンバーです。斬新なアイデアはアイデアとして重要です。しかし、他人とは違うことを面白おかしく語れるからといって、それだけでそのメンバーを評価してはいけません。ややもすると、本質とは違うことを語るメンバーがどんどんふえてしまうことになるからです。新しい発想の面白い話を披露できるからといって、それで組織が強くなるわけではありません。

　伝統ある組織や大企業の凋落を見てみると、意外なほどこの傾向があることがわかります。確実に仕事をする目立たない社員よりも、いつの間にか他人とはちょっと違う意見を言う社員がもてはやされるようになっています。そのために、いつの間にか本当に大切なことが置き去りにされてしまうことになるのです。そのアイデアを聞いた上司も、そのまた自分の上司に面白おかしく話せば、それを評価されるこ

ともあります。これは、当たり前のことを当たり前に実行することを軽んじることから始まります。そもそも変わったことを言うから注目されるというのはおかしなことです。本当にその組織に貢献してこそ、はじめて価値があるからです。

そのアイデアを実行することで何かが変わればまだいいほうですが、たいていの場合は単なる面白い話で終わりです。言いっぱなしで何かが変わることはありません。しかし、組織の中で、あいつは頭が切れる、斬新な発想の持ち主だ、などともてはやされるようになれば、まじめに仕事をしているメンバーはたまったものではありません。奇をてらうメンバーが評価され始めると、あんなことを言えば評価されるのか、あのようにアイデアを披露すれば評価されるのか、という風潮が組織全体に蔓延してしまうことになります。

これでは、せっかく地に足のついた強い「組織の場」が崩壊してしまうことにもなりかねません。時には奇をてらったアイデアも大切ですが、あくまでも本質として大切なものを見失ってはなりません。本質的であるかどうかは、7つの法則に照らせば必ずわかります。何事も組織の「強い場」という基礎の上に築き上げるものなのだということを忘れないようにしましょう。

おわりに

　強い組織をつくるためには、その基礎となる「組織の場」を強くしなければなりません。組織の場が強くなければ、どのような組織強化の取組みをしたとしても、それは小手先のことでしかありません。

　組織の場を強くするとは、突き詰めれば、所属するメンバーにとって、仕事がわかりやすく、仕事がやりやすいということです。そのような仕事のやり方に変えることができれば、誰がメンバーになったとしても、仕事を正確に、速く、上手に進めることができるようになります。この活動を続けることで、「7つの法則」が組織の共通言語として定着し、組織文化を継続的に改善していくことができるまでに深く浸透します。

　7つの法則は、筆者が長年かけてたどり着いた方法論ですが、まだ改善の余地があるかもしれません。これらについては、読者とともに考えていきたいと思っています。本書に対するご意見やご要望は遠慮なく筆者に宛ててください。できる限りの対応をするように心がけます。

Appendix

[付録]

付録

[付録1]
ホンモノの原因を探すための着眼点リスト

ホンモノの原因を上手に探すためのヒントになると筆者が考えるチェック項目をまとめました。ホンモノの原因を探すのに役立ててください。

1.「五感」における
ホンモノの原因を探すためのチェックリスト

☐ 識別しにくい要因はないか
（表示が見えない、見にくい、文字が小さい、表示がかすれている、など）

☐ 外観が似ていて間違えやすいものはないか
（形が似ている、大きさが似ている、色が似ている、など）

☐ 名称からだけでは意味がわからないものはないか
（名称が1、2、3やA、B、Cなど）

☐ 五感に訴えていない識別箇所はないか
（小さな文字だけの表記や色分けだけでの分類など）

☐ 持続性のない五感へのインプットはないか
（ランプが点灯して知らせてくれるが、すぐに消えてしまうなど）

2.「伝達」における
ホンモノの原因を探すためのチェックリスト

- ☐ 聞き違えやすい言葉や統一されていない用語はないか
- ☐ 全体の状況を把握するために十分な情報を伝達していない仕事はないか
- ☐ 情報が伝達されにくい環境や状況はないか
- ☐ 伝達内容に誤解が生じるかもしれない仕事はないか
- ☐ 引き継ぎの仕方や指導方法がわからない仕事はないか
- ☐ 伝達するフォーマットやルールが決まっていない仕事はないか
- ☐ 伝達すべき相手が誰なのかが明確になっていない仕事はないか
- ☐ 伝達すべき相手とは必要な時にすぐに連絡が取れる環境は整っているか
- ☐ 伝達内容に誤解を生じさせない仕組みはつくられているか
- ☐ 複数に同時に伝達する必要がある場合に、確実に伝えられる方法が確保されているか
- ☐ 作業の引継ぎがある場合には、引継ぎの仕方や指導方法が明示されているか

3.「記憶」における
ホンモノの原因を探すためのチェックリスト

- ☐ 情報量が多すぎて覚えきれない（または把握しきれない）仕事はないか
- ☐ 作業時刻や内容を忘れやすい仕事はないか
- ☐ 必要な情報が分散していて、確認するのに時間がかかる仕事はないか
- ☐ 20分以上覚えていないとできない仕事はないか
- ☐ 一時的に3つ以上の手順を覚えていないとできない仕事はないか
- ☐ 主要な仕事の前後に、記憶に頼ったサブ的な仕事はないか
- ☐ 突発的な別の仕事があっても、正確に元の仕事に戻れる仕組みはあるか

4.「順序」における
ホンモノの原因を探すためのチェックリスト

☐ 主要な作業以外の作業を忘れやすい仕事はないか

☐ 特に、主要な仕事の直前・直後に別の作業があるものはないか

☐ 1つの作業の途中で、別の作業を挿入している箇所はないか

☐ 複数の作業を同時にしなければならない仕事はないか

5.「中断」における
ホンモノの原因を探すためのチェックリスト

☐ 本来中断されては困る仕事であるにもかかわらず中断されている仕事はないか

☐ 仕事を中断したときに、中断した箇所がすぐにわからない仕事はないか

6.「ルール適用」における
ホンモノの原因を探すためのチェックリスト

- ☐ 正しいルールが守られにくい環境はないか（マニュアルの保管方法が悪いなど）
- ☐ そのルールとなった背景や理由がわからない仕事はないか
- ☐ そのルールとなった過去のトラブルなどの経緯がわからない仕事はないか
- ☐ ルールが複雑で、正しく運用できていない仕事はないか
- ☐ ルールに従うために必要な知識・技能が足りない仕事はないか
- ☐ ルール違反が起きやすい仕事はないか
- ☐ どのルールに基づいて作業するのかがわからない仕事はないか
- ☐ 1つの仕事に対して、複数のルールが存在する仕事はないか
- ☐ 適用すべきルールがわかりにくい仕事はないか（明確な作業手順がない仕事など）
- ☐ ルールに具体性がない仕事はないか
- ☐ 作業手順を自分で推測しなければならないような仕事はないか

7.「動作」における
ホンモノの原因を探すためのチェックリスト

- ☐ 不自然な環境での仕事はないか
- ☐ （深く考えずに）無意識で行っている仕事はないか
- ☐ 間違った動作をしやすい環境はないか（空間が狭い、スイッチの並び方がわかりにくいなど）
- ☐ マニュアルやチェックリストが存在しない作業はないか
  （作業者の勘や経験に頼っているような作業など）
- ☐ 整理・整頓・清掃・清潔・しつけ（いわゆる5S）などの
  環境が整っていない職場はないか
- ☐ 睡眠不足、疲労、ストレスなどで、品質が下がっている仕事はないか

付録

[付録2]
強力な対策を発見するための着眼点リスト

発見したホンモノの原因を取り除く「真の対策」と「すぐに行う対策」を上手に考案するためのヒントとなるチェック項目をまとめました。強力な対策を効果的に立てるのに役立ててください。

1.「五感」に対する対策のチェックリスト

◆ 「五感」に対する真の対策

- ☐ 機械的な制約で誤った仕事ができないようにする（スイッチを固定してしまうなど）
- ☐ 非常時の識別は、強制的にされるようにする
  （立ち入り禁止の場合などは、入り口を完全に封鎖して立ち入れないようにするなど）

◆ 「五感」に対するすぐに行う対策

- ☐ 五感に訴える表示をする（色、絵、形状、文字、音などを活用する）
- ☐ 直感的に理解できる名称を使う
- ☐ 変化がすぐにわかる仕組みにする（グラフで表示する、一覧表にするなど）
- ☐ メンバーが識別した結果を確認できるようにする
  （作業の全体フローを掲示するなど）
- ☐ 「識別」が一過性の場合には、繰り返して表示されるようにする
  （ランプや音声での知らせは、繰り返し発するなど）

2.「伝達」に対する対策のチェックリスト

◆ 「伝達」に対する真の対策

☐ 伝達のフォーマットを統一する
　　（現在の状況は××です。××がいつもと異なる点です。本日の作業内容は××です。
　　報告は××でお願いします。緊急時の連絡先は××です。など）

☐ 冗長性を持たせる

☐ 伝達に頼った仕事をなくす

◆ 「伝達」に対するすぐに行う対策

☐ 意図したとおりに情報を伝えられるようにする

☐ 使用する用語を統一する

☐ 正確に伝達される作業手順を導入する
　　（作業手順の統一とチェックリストの作成など）

☐ 相手と確実にタイムリーに連絡が取れるようにする
　　（携帯電話の利用や短縮ダイヤルの設定など）

☐ 連絡すべき相手とその連絡先がすぐにわかるようにする
　　（緊急連絡先一覧の作成など）

☐ 作業の引継ぎ方法や後輩への指導方法を統一する
　　（誰がやっても同じ教え方になるようにするなど）

☐ 作業全体の状況を関係者全員で共有できるようにする
　　（状況のモニター表示、全館放送の活用など）

3.「記憶」に対する対策のチェックリスト

◆ 「記憶」に対する真の対策

☐ 記憶しておく時間をゼロに近づける

☐ 記憶に頼らない仕事に組み替える

◆ 「記憶」に対するすぐに行う対策

☐ 情報にしゃべってもらう
　　（必要な時刻に、必要な内容を自動的に表示するようにする、
　　ポップアップ画面の表示や時刻アラーム、携帯メールへの通知など）

☐ 情報を一定間隔で確認する
　　（やり忘れがないか3時間おきに職場全員で確認するなど）

☐ 記憶を強化する仕組みを持つ
　　（作業内容を確認し合う場をつくる、キーワードを目立たせるなど）

☐ 関連する情報に容易にアクセスできるようにする
　　（書類の電子検索機能やパソコン画面への関連情報の自動表示など）

☐ やるべき内容を時系列で漏れなく表示する
　　（作業の全体フローの掲示、個別作業フローの掲示など）

☐ 覚えておかなければならない数は3つ以内にする

4.「順序」に対する対策のチェックリスト

◆ 「順序」に対する真の対策

☐ 1つの作業だけに限定する（作業の順序そのものをなくす）

◆ 「順序」に対するすぐに行う対策

☐ 仕事をやり忘れにくい順序に入れ替える
☐ 記憶を呼び覚ます仕掛けをつくる
☐ 見る、聞く、書くなどを同時に行う作業をなくす
☐ 主作業の直前作業と直後作業に対する負荷を減らす
☐ 別々の作業は時間的にも空間的にも分けて行う

5.「中断」に対する対策のチェックリスト

◆ 「中断」に対する真の対策

☐ 中断を起こさないようにする（突発事象が起きても、作業を継続できる工夫をする）

◆ 「中断」に対するすぐに行う対策

☐ 作業を中断したら、確実に中断した作業箇所に戻れるようにする
　（目印をつける、記録を残すなど）

6.「ルール適用」に対する対策のチェックリスト

◆ 「ルール適用」に対する真の対策

☐ ルール以外の操作はできないようにする、または無効となるようにする

◆ 「ルール適用」に対するすぐに行う対策

☐ ルールがあることを明示する

☐ 複数あるルールは1つに統合する

☐ ルールから不明な点をなくす

☐ 対応能力を超えたルールをなくす

☐ そのルールとなっている根拠や背景を明らかにする

☐ ルールに従わなかった場合に起こり得るトラブルを明示する

☐ ルールや手順書がない作業には、ルールや手順書をつくる

☐ ルールは常に参照しやすい場所に掲げる

☐ ルールが変更になった場合には、全員での確認会を開催する

☐ ルールを適用しない場合の判断基準を明示する（緊急事態の発生時など）

☐ ルールはわかりやすく表現し、視覚効果も加えて示す

7.「動作」に対する対策のチェックリスト

◆ 「動作」に対する真の対策

☐ 間違った作業をできないようにする

◆ 「動作」に対するすぐに行う対策

☐ 「××しにくい」をなくし、メンバーが無理をせずに仕事ができるようにする

☐ 整然と職場環境を整え、注意の分散を防止する

☐ メンバーの健康状態を認識できる工夫をする
　（疲労、睡眠不足、二日酔いなど）

☐ 習慣的な作業は、一呼吸置く作業手順に変える

☐ 作業しやすい姿勢を取れるようにする

☐ 道具の配置を間違えないように工夫する

著者プロフィール

坂本松昭（さかもと・まつあき）

神奈川県生まれ。東京大学大学院理学系研究科修了（理学修士）。政策研究大学院大学修了（公共政策修士）。都市銀行勤務を経て、現在は大手企業に所属。組織開発、人材開発、経営管理が専門。単独部門では解決できない問題を解決する問題解決のスペシャリスト。新たな人事制度の構築や、全社的な業務改革など数多くのプロジェクトを成功に導いてきた。近年は、中小企業経営にも参画。特に、独自に開発した「７つの法則」を活用した組織力強化には定評があり、多くの職場で業績を向上させている。華やかな解決策に目が向けられがちであるが、徹底して地に足の着いた処方箋を提供し続けている。

誰がやってもうまくいく！
最強の組織づくり

2016年 9月20日 第1刷発行
2018年10月 1日 第2刷発行

著者 ────	坂本松昭
発行者 ────	脇坂康弘
発行所 ────	株式会社同友館

〒113-0033　東京都文京区本郷 3-38-1
TEL 03-3813-3966
FAX 03-3818-2774
https://www.doyukan.co.jp

印刷・製本 ──── 萩原印刷・松村製本所

デザイン ──── キガミッツ（森田恭行＋髙木瑶子）

落丁・乱丁本はお取り替え致します。
ISBN 978-4-496-05224-8　Printed in Japan

本書の内容を無断で複写・複製・引用することは、
特定の場合を除き、著作者・出版者の権利侵害となります。